Martin Rütter

KOSMOS

INHALT

Zu diesem Buch 6

Buffy – Angst vorm Alleinsein 8

Vorgeschichte – Ein Welpe ohne Prägung 10
Problem – Trennungsangst 12
Martin Rütter zu Besuch 12
Analyse – Trauma durch zu frühe Trennung 14
Training – Schritt für Schritt mehr Sicherheit 15

Taps – Kleiner Hund ganz groß 20

Vorgeschichte – Ein Hund als Beschützer 22
Problem – Taps regiert die Welt 22
Martin Rütter zu Besuch 24
Analyse – Flucht nach vorn 26
Training – Regeln für Mensch und Hund 26

Henry – Der kleine Charmeur 30

Vorgeschichte – Jeder Wunsch wird erfüllt 32
Problem – Verfolger auf Schritt und Tritt 32
Martin Rütter zu Besuch 34
Analyse – Ein Hund ohne Frustrationstoleranz 35
Training – Agieren statt reagieren 36

Cäsar – Ein Riese ist kaum zu halten 44

Vorgeschichte – Drei Hunde in einem Haushalt 46
Problem – Ein Kraftpaket ohne Manieren 47
Analyse – Cäsar weiß, was er will 48
Martin Rütter zu Besuch 50
Training – Ein Hund lernt folgen 50

Damka – Ein Welpe zieht ein 56

Vorgeschichte – Ein Zweithund soll es sein 58
Problem – Yule weist Damka in die Schranken 58
Martin Rütter zu Besuch 60
Analyse – Ein Wirbelwind lernt Grenzen 61
Training – Erziehung von Anfang an 62

Dana und Strolchi – Zwei Hunde finden wieder zueinander 74

Vorgeschichte – Rüde trifft Hündin 76
Problem – Ein Verehrer wird abgewehrt 78
Martin Rütter zu Besuch 79
Analyse – Grobes Spiel mit Folgen 84
Training – Der Mensch lenkt 86

Fanny – Außer Rand und Band 90

Vorgeschichte – Nach dem Senior ein Welpe 92
Problem – Ein Labi mit viel Temperament 92
Martin Rütter zu Besuch 93
Analyse – Mehr Abwechslung für Fanny 94
Training – Apportieren, Reizangel & Fährte 95

Charly – Was sich bewegt, wird attackiert 102

Vorgeschichte – Nachwuchs kündigt sich an 104
Problem – Angst um Enkeltochter Celine 104
Martin Rütter zu Besuch 105
Analyse – Frust und Unsicherheit 107
Training – In kleinen Schritten zu mehr Akzeptanz 108
EXTRA – Angst und Unsicherheit 114

INHALT

Thyson und Merle – Chaos auf acht Pfoten 116

Vorgeschichte – Gemeinsam ist man weniger allein 118
Problem – Gleich und gleich gesellt sich gern 119
Martin Rütter zu Besuch 121
Analyse – Hunde ohne Aufgabe werden zur Aufgabe 122
Training – Strukturen schaffen und Spaß haben 123
EXTRA – Hunde im Doppelpack 128

Stella – Jekyll und Hyde 130

Vorgeschichte – Von der Straße in die Familie 132
Problem – Hund oder Hase, irgendwas ist immer 132
Martin Rütter zu Besuch 134
Analyse – Angriff ist die beste Verteidigung 135
Training – Dampf ablassen mit Struktur 137
EXTRA – Hunde aus dem Süden 142

Nanuk – Ein Hund will nicht Spielen 144

Vorgeschichte – Eine Frage bleibt 146
Problem – Wie bringt man einem Hund das Spielen bei? 147
Martin Rütter zu Besuch 148
Analyse – Spiel oder Rempelei? 149
Training – Von Abstand hin zu mehr Nähe 150

Fino und Kenzo – Führungswechsel 156

Vorgeschichte – Ein Hund für Herrchen 158
Problem – Willkommen in Kenzos Haus 158
Martin Rütter zu Besuch 160
Analyse – Leben in einer Hundewelt 161
Training – Privilegien ade 162

Sammy – Wenn der Wald ruft ... 168

Vorgeschichte – Vom Angsthasen zum Ausreißer **170**
Problem – Termine ohne Garantie **170**
Martin Rütter zu Besuch **172**
Analyse – Erwachsener Stratege **174**
Training – Vom Frauchen zur Jägerin **175**
EXTRA – Jagdverhalten **180**

Dibo – Alles unter seiner Kontrolle 184

Vorgeschichte – Vom Sträfling zum Staatsanwaltshund **186**
Problem – Unvereinbarkeit der menschlichen Interessen **187**
Martin Rütter zu Besuch **188**
Analyse – Anders als gedacht **192**
Training – Mit Frust umgehen lernen **194**

Sam – Auf Bewährungsprobe 198

Vorgeschichte – Ein großer Wunsch wird endlich wahr **200**
Problem – Paradebeispiel eines Problemhundes **200**
Martin Rütter zu Besuch **202**
Analyse – Gute Bindung, aber keine Geduld **204**
Training – Vorzeigehund oder Vollchaot, dazwischen
gibt's nichts **204**

EXTRA – Der gute Start von Anfang an 210

Service 238
Autoren **240**
Nützliche Adressen **245**
Register **248**

Hallo liebe Hundefreunde,

dass dieses Buch entstanden ist, ist ausschließlich den zahlreichen Zuschauern unserer Serie „Der Hundeprofi" auf VOX zu verdanken. Sie waren es nämlich, die mich dazu animiert haben, ein Begleitbuch zur Sendung zu schreiben. Immer wieder wurde ich angesprochen, mit Mails und Briefen überhäuft. Viele Menschen wollten noch zusätzliche Tipps und Informationen zu den gezeigten Fällen haben. Und genau dies beinhaltet dieses Buch. Leider ist die Sendezeit nie ausreichend, um wirklich alle Trainingsschritte zu zeigen, so dass ich hier auf diesem Wege die Möglichkeit habe, über das Gesendete hinaus Informationen zu geben.

Sie werden in diesem Buch aber auch Einblicke in den Alltag vor und hinter der Kamera bekommen. Da ich bei allen Dreharbeiten ja nicht nur die Menschen und deren Hunde treffe, die mich um Hilfe gebeten haben, sondern auch stets das gesamte Team, das zum Teil aus acht Personen besteht, dabei habe, werden Sie auch hier einige Menschen kennenlernen, die hinter der Kamera agieren. Das Drehen mit Hunden erfordert wirklich extrem viel Fingerspitzengefühl bei allen Beteiligten. Die Kamera-

Von links nach rechts: Martin Rütter, Julia Frede, Markus Gummersbach, Klaus Grittner, Andrea Buisman, Elisabeth Neumann, André Spauke, Sascha Nagel

männer müssen sich natürlich genauso immer wieder auf neue Hunde mit völlig unterschiedlichen Persönlichkeiten einstellen, wie ich als Coach auch. Manches Mal dauert es länger, die Hunde an die Kamera zu gewöhnen, als der Trainingsprozess als solcher. Exemplarisch für die vielen Folgen, habe ich 15 Fälle ausgewählt, die meine Arbeit dokumentieren. Ganz bewusst habe ich aber auch über die speziellen Probleme hinausgehende Themen angesprochen, so dass auch Hundefreunde Ratschläge erhalten, deren Hund nicht genau das selbe Problem hat.

Mir ist es aber auch ein besonderes Anliegen mit dazu beizutragen, dass Probleme erst gar nicht entstehen. Und deshalb widmet sich ein Kapitel dem Thema „Welpe". Ich möchte somit dabei helfen, dass ein guter Start von Anfang an möglich ist und Probleme von vorn herein vermieden werden. Da wir Hundemenschen, wenn wir einmal auf den Hund gekommen sind, immer wieder mit Hunden leben möchten, wird dieses Kapitel für Sie sicher auch dann interessant sein, wenn Ihr jetziger Hund dem Welpenalter bereits entwachsen ist.

In diesem Sinne wünsche ich Ihnen viel Spaß beim Lesen und eine glückliche Zeit mit Ihren Hunden.

Herzlichst,

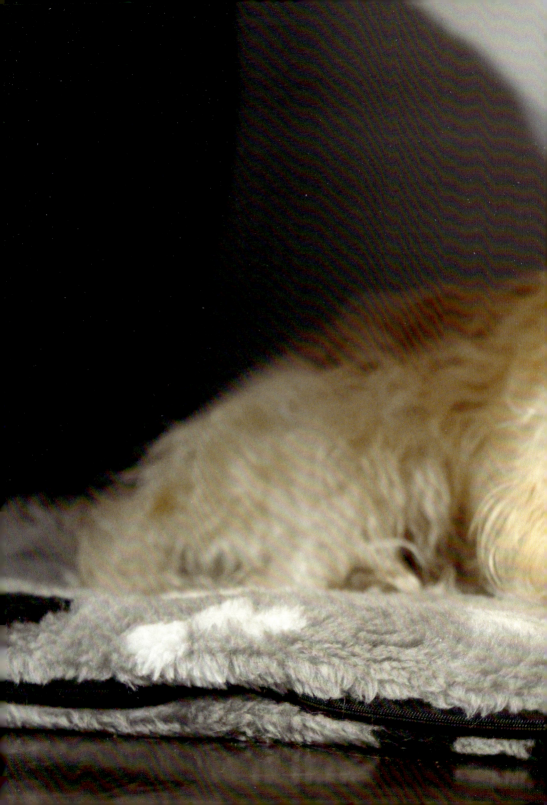

Buffy – Angst vorm Alleinsein

Vorgeschichte – Ein Welpe ohne Prägung

Buffy ist eine quirlige, sechs Jahre alte Mischlingshündin, die man einfach gern haben muss. Wuselt sie einem mit ihrem wuscheligen Fell um die Beine, sind alle Herzen sofort erobert. Doch wie kann es sein, dass die Nachbarn von diesem netten Hund so genervt sind, dass bereits das Verhältnis zu Buffys Familie darunter leidet?

Buffy lebt schon sehr lange bei Familie Klein. Diese holten sie bereits mit fünf Wochen von ihren sogenannten Züchtern, damit sie dort nicht weiter leiden musste. Denn die Züchter hatten die Nase voll von der Arbeit, die Welpen nun einmal mit sich bringen! Der Wurf war nicht geplant gewesen, die Hündin wurde in der Läufigkeit vom ebenfalls im Haus lebenden Rüden gedeckt, ein sogenannter „Unfallwurf". Dass Welpen nicht einfach nur süß sind, sondern sehr viel Verantwortung bedeuten, stellte sich dann schnell heraus. Und so war man froh, die Welpen so schnell wie möglich zu vermitteln. Buffy war mit fünf Wochen der letzte Welpe aus dem Wurf, der noch bei der Mutter war! Nachdem Buffy bei Familie Klein eingezogen war, kümmerten sich alle sehr intensiv um sie. Hatte sie doch in ihren ersten Lebenswochen nicht gerade das große Los gezogen, sollte es ihr nun wenigstens in Zukunft besonders gut gehen.

Frau Klein mit Buffy – ein Herz und eine Seele!

Prägungsphase

Die Zeit zwischen der dritten und achten Woche bezeichnet man beim Hund als Prägungsphase. In dieser Zeit ist der Welpe von seiner Mutter abhängig, wird fast noch bis zum Ende dieser Zeit gesäugt und lernt von Mama alles Lebenswichtige! Dazu gehört die Entdeckung von immer neuen Dingen wie zum Beispiel unterschiedlichen Untergründen, sowie optischen und akustischen Reizen. Daher bietet ein guter Züchter seinen Welpen immer wieder neue Möglichkeiten, hier Erfahrungen zu sammeln. Dabei ist es egal, ob es sich um ein neues Hundespielzeug oder aber eine knisternde Plastiktüte, ein Flatterband, ein kleines Planschbecken oder auch einmal laute Musik aus dem Radio handelt! Mit Mama und den Geschwistern zusammen kann man in Ruhe alles erkunden, der kleine Welpe fühlt sich sicher und geborgen. Zudem benötigt der Welpe in dieser Zeit seine Geschwister, denn er muss sich auch im Einsatz der Körpersprache üben. Was erreicht man mit Knurren? Wie kann man zeigen, dass man eigentlich gar keinen Streit will? Wofür kann man die unterschiedlichen Stellungen der Rute einsetzen? All dies kann der Welpe nur im Umgang mit seinen Geschwistern trainieren. Daher macht es Sinn, und ist in Deutschland laut Tierschutzgesetz auch vorgeschrieben, dass ein Welpe frühestens im Alter von acht Wochen an seine neuen Halter abgegeben werden darf.
Wird ein Welpe früher von Mutter und Geschwistern getrennt, kann es zu schwerwiegenden Verhaltensstörungen kommen. Diese können die Bereiche der Kommunikation und des Umgangs mit Artgenossen betreffen, oder aber es entstehen durch die zu frühe Trennung Verlassensängste. Dieses traumatische Erlebnis kann dann dazu führen, dass der Hund auch später Probleme beim Alleinbleiben hat.

Problem – Trennungsangst

Buffy versucht sogar, durch die Katzenklappe nach draußen zu kommen.

Seit dem Umzug der Familie hat Buffy große Probleme damit, alleine zu bleiben. Sie heult und jammert dann in einer Lautstärke, dass sie auch noch mehrere Häuser weiter gut zu hören ist, und das stundenlang. Zwar konnte Buffy nie gut alleine bleiben, aber leider musste die Familie ein paar Mal umziehen und mit jedem Umzug wurde Buffys Verhalten schlimmer. Inzwischen ist sie vollkommen gestresst, sie kratzt an den Türen und zerstört dabei Türrahmen und Tapeten. Sie versucht sogar, aus der für sie viel zu kleinen Katzenklappe herauszukommen, so dass diese fast aus dem Mauerwerk herausgebrochen ist. Eigentlich kann sie sich gut benehmen, aber wenn sie alleine gelassen wird, sind alle Regeln vergessen. Dann springt sie sogar auf die Küchenanrichte, um von dort den Hauseingang genau im Auge zu behalten.

Martin Rütter zu Besuch

Martin Rütter schaut sich zunächst einmal Buffys Verhalten an, wenn Frauchen das Haus verlässt. Buffy fällt in völlige Hysterie. Selbst wenn Frauchen nur kurz außer Haus ist, flippt sie völlig aus. Sie reagiert ebenso hysterisch, wenn Frau Klein wieder zurückkommt, und benimmt sich so, als hätte sie ihr Frauchen seit Jahren nicht gesehen. Sie springt an ihr hoch, bellt und fiept dabei und es dauert eine ganze Zeit, bis sie sich wieder beruhigt. Schon aus diesem Grund muss an dieser Situation dringend etwas verändert werden, denn Buffy leidet unter enormem Stress. Natürlich ist es auch für die Familie schön, wieder einmal beruhigt das Haus zu verlassen, ohne sich darum zu kümmern, ob sie Buffy mitnehmen können oder anderweitig unterbringen müssen. Gerade wenn man Kinder hat, kann immer wieder einmal ein Notfall auftreten, wo keine Zeit bleibt und Möglichkeit besteht, den Hund schnell irgendwo unterzubringen. Jedoch sollte im Fall Buffy die Hauptmotivation sein, ihr wieder ein stressfreies Leben zu ermöglichen.

Martin Rütter zu Besuch | 13

Alleine gelassen, flippt Buffy vollkommen aus.

Auch wenn Frau Klein nur kurz draußen ist, springt und hüpft Buffy aufgeregt durch den Flur.

Stundenlang steht sie dann bellend und heulend vor der Haustür.

Martin Rütter schaut sich Buffys Verhalten draußen an, um die Situation vollständig beurteilen zu können.

Buffy leidet sehr, wenn sie alleine gelassen wird.

Analyse – Trauma durch zu frühe Trennung

Buffy hat durch die zu frühe Trennung von Mutter und Geschwistern ein Trauma erlitten. Dieses wurde dann unbewusst verstärkt, indem Familie Klein sich besonders intensiv um die Hündin kümmerte. Sie wurde dadurch zu stark auf den Menschen geprägt, und da nicht von Anfang an in kleinen Schritten das Alleinbleiben trainiert wurde, fällt sie jetzt jedes Mal in Panik. Bedingt durch die Umzüge, wurde sie sehr unsicher, das Fehlen der vertrauten Umgebung steigerte die Problematik und führte dazu, dass Buffy das Verhalten immer mehr ritualisierte. Das weitere Vorgehen muss in kleinen Schritten geschehen, da eine zu starke Veränderung in aller Regel eine noch größere Verunsicherung zur Folge hat.

Training – Schritt für Schritt mehr Sicherheit

Zunächst kann man dem Hund in kleinsten Schritten beibringen, auch einmal ohne seinen Menschen auszukommen. Da reicht es schon, die Zimmertür hinter sich zu schließen, um sie direkt danach sofort wieder zu öffnen. Der Hund soll die Erfahrung machen, dass sein Besitzer gleich wieder auftaucht, selbst wenn er ihn kurz nicht sehen kann. Und damit sich beim Hund erst gar keine Unsicherheit breit machen kann und er anfängt zu leiden, ist der Mensch schon wieder da, bevor er überhaupt begriffen hat, was los ist. Viele Hunde machen im Grunde die Erfahrung, dass sie ihrem Menschen den ganzen Tag innerhalb der Wohnung hinterherlaufen dürfen. Kommt es nun jedoch zu der Situation, dass der Mensch das Haus alleine verlässt, ist die Veränderung oft viel zu groß für den Hund. Hält er es nach einigen Trainingseinheiten aus, 10 bis 30 Sekunden alleine in einem anderen Zimmer zu bleiben, ohne Stress oder Angst zu entwickeln, ist der Zeitpunkt noch lange nicht gekommen, das Haus zu verlassen. Damit Frau Klein einen genauen Überblick über das Training und Buffys Fortschritte hat, hält sie jede kurze Übungseinheit in einem Tagebuch fest. Sie notiert den Zeitpunkt, die Dauer und Buffys Verhalten.

 Wichtig

Abschied und Begrüßung

Machen Sie nicht die beiden grundlegenden Fehler, sich mit ein paar netten Worten zu verabschieden und mit großem Lob wieder aufzutauchen. Ersteres führt dazu, dass der Hund nur unnötig lernt, dass Ihre Worte etwas Negatives zur Folge haben, denn Sie tun ja das, was er nicht mag: Sie lassen ihn allein. Das Zweite erschwert dem Hund das Alleinbleiben insofern, als dass danach immer etwas ganz Besonderes, eine wilde Begrüßungsarie folgt, auf die es sich „engagiert" zu warten lohnt und die den Hund schon vorher in große Aufregung versetzt. Am besten ist, in der ersten Phase des Trainings kommentarlos zu gehen und zu kommen.

Martin Rütter bespricht mit Frau Klein das weitere Training, die ersten Schritte sind geschafft.

Verlassen der Wohnung

Erst wenn Sie von einem Zimmer ins andere laufen und die Tür hinter sich für ca. zehn Minuten schließen können, Ihr Hund dabei ganz entspannt zurückbleibt, können Sie an das Verlassen der Wohnung denken. Und hier ist es absolut effektiv und sinnvoll, ebenfalls in kleinsten Schritten zu beginnen. Machen Sie nicht den Fehler und starten gleich mit einigen Minuten, da Ihr Hund dies bereits kennt. Zum einen ist das Verlassen des Hauses für Ihren Hund eine komplett andere Situation, da Sie nun das Haus wirklich verlassen. Zum anderen hat Ihr Hund in dieser Situation schon die Erwartungshaltung, dass für ihn etwas Negatives, sprich Alleinbleiben folgt. Deshalb sollten Sie auch hier in winzig kleinen Teilschritten beginnen, wie Sie es innerhalb der Wohnung beim Verlassen der Zimmer getan haben.

Ein Platz zum Wohlfühlen

Vielen Hunden hilft es auch, eine Art Höhle zu Hause zu haben, die ihnen Sicherheit bietet und in die sie sich zurückziehen können. Das kann ein Körbchen, eine Transportbox, eine Zimmerecke oder Ähnliches sein. Der Hund muss diesen Platz allerdings vorher schon als Zufluchtsort erfahren haben, damit er gezielt eingesetzt werden kann. Handelt es sich um eine Transportbox, muss diese unbedingt stabil und gut befestigt sein. Denn es darf auf keinen Fall passieren, dass die Box umfällt oder wackelt, wenn sich der Hund darin aufhält.

Buffy entspannt sich auf ihrem Liegeplatz. Nicht einmal die Kamera stört sie.

Info

Auslösereize löschen

Weiterhin lassen sich bestimmte Auslöser umkonditionieren. Ist für den Hund schon das Jackeanziehen und Zum-Schlüssel-Greifen mit der Vorstellung verbunden, dass er nicht mitgenommen wird, sollten Sie etliche Male am Tag die Jacke anziehen oder die Schlüssel in die Hand nehmen, ohne dass Sie gehen. Der Hund gerät so jedes Mal in eine Erwartungshaltung, die aber nicht bestätigt wird. Hält man dies einige Wochen durch, lernt der Hund, dass sein Mensch mal wieder in der Wohnung spazieren geht, wozu also in Panik verfallen. Bitte widerstehen Sie, Ihren Hund verbal oder mit Futter zu belohnen, weil er in diesem Fall nicht auf den Reiz reagiert hat. Ihr Hund wird sonst mit dem Schlüssel oder der Jacke für ihn zwar nichts Negatives wie das Alleinbleiben mehr verbinden, aber doch eine Erwartungshaltung an diese Reize entwickeln. Sprich, Sie versetzen ihn in Erregung nach dem Motto: „Aha, der Schlüssel klimpert, also gibt's jetzt etwas." Ziel ist aber, diese Reize zu löschen.

Der Hund erwartet von einer Sicherheitszone, dass diese auch wirklich Schutz bietet. Wenn er sich vor ihr erschreckt, und das auch noch in einem Moment, in dem er sowieso schon Angst hat, wird er sehr stark verunsichert.

Buffy fühlt sich wohl und sicher auf ihrem Platz.

Der Hundeprofi beobachtet Buffys Verhalten, wenn Frau Klein das Haus verlässt. Buffy bleibt inzwischen entspannt im Flur liegen.

Nach dem zweiten Besuch ist Martin Rütter sehr zufrieden mit Frau Klein, sie hat fleißig trainiert. Frau Klein verlässt das Haus für zwei Minuten und Buffy bleibt ganz entspannt auf dem Teppich im Flur liegen! Sie fiept und jammert nicht, sondern legt sogar den Kopf ab, ein Zeichen von Entspannung. Nach einiger

Info

Was bedeutet Gähnen beim Hund?

Gähnen gehört nicht, wie häufig angenommen, zu den Beschwichtigungssignalen der Hunde. Hunde gähnen aus verschiedenen Gründen: Zum einen, weil sie einfach müde sind, zum anderen aber auch, weil sie Stress haben. Ein Beschwichtigungssignal ist immer an jemand anderen gerichtet, man möchte damit erreichen, dass der andere friedlich gestimmt wird. Hunde gähnen aber auch in Abwesenheit anderer Lebewesen, zum Beispiel wenn sie unter Stress stehen. In diesem Fall ist niemand anwesend, der beschwichtigt werden könnte. Daher macht es auch keinen Sinn, sich neben einen unsicheren und gestressten Hund zu setzen und zu gähnen, wie häufig empfohlen wird. Denn wie sollte ihm das helfen? Schließlich würde man ihm damit nur signalisieren, dass man selbst auch Stress in dieser Situation hat und sich unsicher fühlt. Hilfe sucht man aber nur bei jemandem, der Sicherheit geben kann.

Training | 19

Martin Rütter ist zufrieden mit Buffys Fortschritten.

Zeit gähnt sie zwar einmal, was darauf hinweist, dass sie immer noch Stress hat, aber er ist auf ein erträgliches Maß reduziert. Auch als Frau Klein wieder hereinkommt, hält sich Buffys Aufregung in Grenzen.

Ohne Unterbrechung zum Erfolg

Das Training der letzten vier Wochen hat sich gelohnt. Buffy hat gelernt, dass das Alleinbleiben grundsätzlich nicht negativ ist, die Zeitabstände zwischen dem Kommen und Gehen können nun relativ schnell ausgedehnt werden. In den nächsten sechs bis acht Wochen kann Frau Klein die Zeit des Alleinbleibens bis auf 30 Minuten ausdehnen.

Familie Klein muss jetzt nur noch durchhalten und die Zeiten des Alleinbleibens ständig variieren und schrittweise verlängern. Das Training darf auf keinen Fall unterbrochen werden, indem Buffy zum Beispiel wieder für lange Zeit alleine gelassen wird. Aber auch die andere Variante würde sich negativ auf das bereits Erreichte auswirken. Würde Buffy jetzt eine Zeitlang gar nicht mehr alleine gelassen, wie es zum Beispiel in Urlaubszeiten häufig der Fall ist, würde das Verhalten noch schlimmer gezeigt werden als vor Trainingsbeginn.

Lassen Sie Ihren Hund auch im Urlaub immer wieder einmal allein und beschäftigen Sie sich nicht den ganzen Tag mit ihm. Denn sonst kann es sein, dass sich nach dem Urlaub Verhaltensweisen wie „stundenlanges Bellen" oder „Zerstören von Türen oder Möbeln" etablieren.

Vorgeschichte – Ein Hund als Beschützer

Nähert man sich dem Haus von Familie Aehnelt, wird man von lautstarkem Gebell empfangen. Die Tür öffnet sich und heraus springt ein kleiner, laut bellender Hund. Taps ist ein vier Jahre alter Rehpinscherrüde, der von Welpe an bei Familie Aehnelt lebt. Da Frau Aehnelt oft alleine zu Hause ist, sollte ein Hund im Haus ihr Sicherheit und Schutz bieten. Da jedoch ein großer Hund, wie zum Beispiel ein Dobermann, von den älteren Menschen nicht mehr gut gehalten werden konnte, entschied man sich für einen Rehpinscher. Vom Aussehen her einem Dobermann sehr ähnlich, doch ein paar Gewichtsklassen weniger! Der kleine Hund gibt Frau Aehnelt aber nicht nur Sicherheit, er ist auch Freund und Tröster. Wenn sich Frau Aehnelt mit Taps unterhält, hat sie das Gefühl, dass er ihr wirklich zuhört und sie auch versteht, denn er dreht dabei das Köpfchen hin und her und ist ganz aufmerksam.

Problem – Taps regiert die Welt

Martin Rütter ist gespannt auf die erste Begegnung mit Taps.

Taps nimmt seine Aufgabe sehr ernst, Besucher können nicht einfach so in das Haus hineinkommen. Bewegen sie sich zu schnell, kann es sein, dass er in ihre Füße beißt. Aber auch Familie Aehnelt ist vor seinen Attacken nicht sicher: So verteidigt er sein Spielzeug und auch sein Futter vehement. Geht ein Mitglied der Familie an seinem gefüllten Futternapf vorbei oder nähert sich dem Spielzeug, das auf seiner Decke liegt, schießt er vor und schnappt. Aber auch wenn Frau Aehnelt ihn verwöhnen will und ihn zu sich auf das Sofa holt, um mit ihm zu schmusen, schnappt er nach ihrer Hand. Er beißt jedoch nicht fest zu, zumindest ist noch nie Blut geflossen, weshalb die Familie seine Attacken auch nicht ernst nimmt. Verletzen will er ja niemanden!

Das Familienleben leidet jedoch immer mehr. In der Nacht liegt Taps in seinem Körbchen im Schlafzimmer und auch hier zeigt er deutlich, wer das Sagen hat. Bewegt sich einer der Aehnelts,

Problem 23

Der Hundeprofi im Gespräch mit Familie Aehnelt.

fängt er an zu knurren, und wenn gar einer der beiden aufstehen will, ist er sofort zur Stelle und schnappt nach den Füßen. Zudem hat er seit einiger Zeit angefangen, in der Wohnung zu markieren – vorzugsweise am Abfalleimer in der Küche und an der Heizung im Wohnzimmer. Um dieses Verhalten zu unterbinden, hatte Frau Aehnelt die Idee, Taps einen Kinder-Body anzuziehen. Diesen „Schlafanzug" trägt Taps nun nachts und seitdem ist zumindest die Wohnungseinrichtung sicher.
Die ersten Anzeichen für diese Probleme wurden bei Taps bereits im Alter von sechs Monaten sichtbar. Seit er geschlechtsreif geworden ist, meint er, im Haus alle Dinge regeln zu müssen. Familie Aehnelt dachte, dass sich sein Verhalten verändern würde, wenn Taps erst einmal erwachsen und vernünftig wäre, aber das Gegenteil war der Fall: Es wurde immer schlimmer. Daher suchen sie nun Rat bei Martin Rütter.

Martin Rütter zu Besuch

Martin Rütter schaut sich zunächst einmal den Alltag von Familie Aehnelt an und schnell wird klar, wo hier das Problem liegt. Taps zeigt mit seinem Verhalten deutlich, wie unangenehm es ihm ist, wenn er festgehalten und eingeengt wird. Er wird dabei ganz steif, legt die Ohren an, und seine Pupillen weiten sich. Da er aber mit diesem Verhalten nicht erreicht, dass Herr oder Frau Aehnelt ihre Handlung einstellen, bleibt ihm nichts weiter übrig, als nach vorne zu gehen.

Für Familie Aehnelt ist das Kuscheln auf dem Sofa mit Taps sehr wichtig.

Taps ist ein kleiner und sensibler Hund, mit dem man sehr ruhig und vorsichtig umgehen muss. Wenn Frau Aehnelt ihm den Schlafanzug anzieht, streift sie ihm diesen jedoch relativ ruppig über den Kopf und hält ihn dabei an der Rute fest. Herr Aehnelt tätschelt Taps gerne von oben auf den Kopf. Der Rüde nimmt dann den Kopf zur Seite und versucht, sich zu entziehen. Leider versteht jedoch keiner in der Familie seine Signale.

Besitzansprüche

Taps zeigt deutlich, dass er das Haus und sämtliches Inventar als seinen Besitz ansieht. Er verteidigt nicht nur sein Futter und Spielzeug, er markiert auch seinen Besitz. Und das nicht nur durch Urin! Kommen Besucher, streicht er ganz eng an den Menschen entlang und schubbert sich an ihren Beinen. Auch das Sofa und die Hauswand werden so mit seinem Geruch markiert, wie ein dunkler Streifen entlang der Hauswand deutlich macht.

Info

Beschwichtigungssignale

Wenn Hunde sich bedroht fühlen, reagieren sie darauf oft mit beschwichtigenden Signalen. Sie zeigen damit dem Gegenüber, dass sie nicht auf eine Konfrontation aus sind und dem Konflikt gerne aus dem Weg gehen würden. Diese Signale sind also dafür da, den vermutlich drohenden Angriff eines Gegenübers abzuwenden.

Als Beschwichtigungssignal zählt bei Hunden zum Beispiel das Wegdrehen des Kopfes oder aber auch nur das Abwenden des Blickes sowie das Anlegen der Ohren. Auch das sogenannte Pföteln, also das vorsichtige Anheben der Pfote, gehört in diesen Bereich. Oft werden hier noch weitere Signale genannt, wie zum Beispiel das Schnüffeln am Boden oder aber die Vorderkörpertiefstellung. Diese Signale sind jedoch eher Übersprungshandlungen. Zwar wird durch das Durchführen einer vollkommen anderen Handlung oft auch eine Beruhigung der aggressiven Situation erreicht, jedoch gilt hier die Bedeutung nicht im Sinne der Beschwichtigung des Gegenübers.

Kommt ein Mensch nun in eine Konfliktsituation mit einem Hund, macht es Sinn, Beschwichtigungssignale zu verwenden, um den Hund von einem Angriff abzubringen. Im Gegensatz dazu macht die Anwendung dieser Signale durch den Menschen keinen Sinn, wenn der Hund sich vom Menschen bedroht fühlt und dies durch Beschwichtigungssignale zeigt. Hier muss der Mensch vielmehr den Druck aus der Situation nehmen.

Taps markiert „sein" Haus, indem er sich an der Hauswand reibt.

Taps kuschelt sich – fertig für die Nacht – in sein Körbchen.

Analyse – Flucht nach vorn

Die gut gemeinten Streicheleinheiten wurden für Taps oft eher zu einem Zwang, denn das Festgehaltenwerden findet er sehr unangenehm. Dies hat er den Menschen auch deutlich durch seine Körpersprache und sein beschwichtigendes Verhalten gezeigt. Da aber keiner diese Signale verstanden hat, blieb ihm nichts anderes übrig, als aggressiv nach vorne zu gehen. Zudem ist Taps der Meinung, dass er einen hohen Status in der Familie hat. Ziel eines Trainings wird hier zum einen sein, die Gefahr für die Menschen zu verringern, denn Taps kann durchaus auch einmal richtig zubeißen. Weiterhin soll aber auch der Stress für die Menschen und vor allem für Taps reduziert werden, denn ein solches Zusammenleben ist für beide Parteien ziemlich anstrengend.

Training – Regeln für Mensch und Hund

Zunächst einmal muss Familie Aehnelt lernen, Taps Körpersprache zu lesen. Handlungen, bei denen er Anzeichen zeigt, dass sie ihm unangenehm sind, müssen sie verändern. So sollen sie ihn eher seitlich streicheln und den Schlafanzug ganz ruhig und vorsichtig anziehen. Dabei bekommt er sein Futter in nächster Zeit nur aus der Hand, und zwar immer dann,

Info

Status demonstrieren

Individualdistanz
Ranghohe Tiere bestehen in unterschiedlichsten Situationen auf die Einhaltung ihrer Individualdistanz und entscheiden, wer in diese eindringen darf und wer nicht – beispielsweise durch das Nichtzulassen von pflegender Dominanz, Streicheln oder Bürsten.

Besitzanzeigendes Verhalten
Hunde benutzen Gegenstände, um Besitz (Privileg) anzuzeigen.

Markieren
Markiert wird unter anderem, um einen Territorialanspruch zu erheben oder um einen hohen sozialen Status zu demonstrieren.

wenn er auf ein Signal der Menschen gehört hat oder aber eine unangenehme Sache wie das Anziehen des Schlafanzuges ohne Aggression ertragen hat. Dadurch wird diese Handlung für ihn positiv verstärkt und er hat zudem kein Futter mehr frei zugänglich herumstehen, das er verteidigen könnte.

Hinzu kommen einige Veränderungen im Alltag. Taps darf nicht mehr mit auf das Sofa und nachts schläft er im Körbchen im Wohnzimmer. Wenn Besuch kommt, darf er nicht mehr mit nach unten an die Haustüre und als Erster den Besuch begrüßen. Er muss oben im Wohnzimmer warten, bis Herr oder Frau Aehnelt den Besuch hereingelassen haben.

Frau Aehnelt zieht Taps vorsichtig seinen Schlafanzug an. Zur Belohnung gibt es dann ein Leckerchen.

Info

Ein optimaler Schlafplatz

Er befindet sich zum Beispiel im Wohnzimmer und dort in einer Ecke ohne Blick auf die Tür, also an einer möglichst strategisch unwichtigen Stelle. Denn schließlich soll sich nicht der Hund um das Abchecken von Besuchern kümmern, dies regelt der Mensch für ihn. Zudem gehen hier auch nicht ständig alle Familienmitglieder oder Besucher vorbei. Dies ist wichtig, damit der Hund auch wirklich abschalten und sich entspannen kann. Am besten nimmt man eine Decke oder einen Korb. Natürlich kann der Hund auch in einer Box schlafen, wenn er zuvor daran gewöhnt wurde. Normalerweise darf der Hund nachts mit ins Schlafzimmer, auch dort sollte ein Korb für ihn bereitstehen. Der Hund ist ein Rudeltier. Und das Rudel bleibt auch nachts zusammen – man bietet sich gegenseitig Schutz. Eine Gruppe hört viel mehr als ein einzelnes Mitglied und eine Gruppe ist viel wehrhafter als ein Einzelner. Deswegen ist es für den Hund nur logisch, dass er nachts mit ins Schlafzimmer kommt. Taps jedoch durfte nicht weiter im Schlafzimmer schlafen, da er hier die Menschen bei jeder Bewegung korrigiert hat. Durch das Entziehen des Kontaktes können Mensch und Hund nun endlich in Ruhe schlafen.

Taps liegt jetzt oft in seinem Körbchen.

Herr Aehnelt schickt Taps in sein Körbchen, auf das Sofa darf er erst einmal nicht mehr.

Klare Regeln für Taps

Schnell zeigen sich Erfolge im Training. Taps wird allgemein ruhiger und entspannter, denn Familie Aehnelt hält sich konsequent an die Anweisungen von Martin Rütter. Schon beim nächsten Besuch sieht man, dass Mensch und Hund nun harmonisch miteinander umgehen, selbst das Anziehen des Schlafanzuges ist kein Problem mehr für beide. Auch Futter oder Spielzeug kann Frau Aehnelt Taps wegnehmen, ohne dass er sie anknurrt. Taps liegt entspannt in seinem Körbchen, und wenn Besuch kommt, bleibt er oben und wartet. Selbst wenn er doch noch einmal mit nach unten flitzt, kann Frau Aehnelt ihn mit einem Signal wieder nach oben rufen. Das wäre vor dem Training undenkbar gewesen.

Ab sofort darf Taps nun auch wieder ab und an mit auf das Sofa zum Kuscheln. Wichtig ist aber, dass die Menschen entscheiden, wann er hinauf darf. Sie bestimmen die Regeln im Zusammenleben, und sie schicken Taps auch wieder hinunter, wenn es genug ist.

Die Veränderungen im Alltag sind Familie Aehnelt sehr schwer gefallen, da sie gerne mit ihrem Hund kuscheln und ihn verwöhnen. Sie haben aber verstanden, dass ihr Verhalten Stress für Taps bedeutet, und sich an den Trainingsplan gehalten. Wichtig ist es jetzt, nicht wieder in alte Rituale zurückzufallen.

Hundeprofi Martin Rütter ist zufrieden mit den Fortschritten von Taps. Er bespricht mit Herrn Aehnelt, wie es nun weiter geht.

Henry –
Der kleine Charmeur

Vorgeschichte – Jeder Wunsch wird erfüllt

So klein wie Henry auch ist, er macht auf sich aufmerksam. Der anderthalb Jahre alte Mopsrüde ist Frauchens Liebling und nutzt diesen Umstand in vollem Umfang aus. Julia Frede ist stets um das Wohlergehen ihres kleinen Hundes besorgt. Hat er einen Wunsch, wird dieser sobald wie möglich erfüllt. Schließlich soll es ihm doch gut gehen.
Hat Henry Lust auf ein Spiel, kommt er mit seinem Stofftier zu Frauchen gelaufen und legt es vor ihre Füße. „Komm, lass uns spielen!" Und da es ja auch Spaß macht, geht Julia begeistert darauf ein. Und wenn die beiden abends gemütlich auf dem Sofa liegen, zeigt Henry durch kräftiges Anstupsen, dass er jetzt eine Streicheleinheit vertragen könnte.

Problem – Verfolger auf Schritt und Tritt

Henry ist ein pfiffiger Mopsrüde, der es faustdick hinter den Ohren hat!

Manchmal wird Frau Frede Henrys Verhalten aber doch zu viel. Denn kommt sie seinen Wünschen und Forderungen nicht sofort nach, fängt er an zu jammern und zu fiepen. Möchte er nach draußen und sie öffnet die Tür nicht schnell genug, springt er daran hoch. Zudem lässt er Frauchen nicht aus den Augen, er verfolgt sie auf Schritt und Tritt. Selbst auf die Toilette darf sie nicht allein gehen, denn sperrt sie ihn aus, fängt er vor der Tür ein Riesentheater an.
Zum richtigen Problem wird dieses Verhalten aber erst, wenn Julia Frede mit Henry unterwegs ist. Denn Henry hat es eigentlich wirklich gut: Er darf Frauchen mit zur Arbeit begleiten. Dort darf er frei herumlaufen, die Kollegen besuchen und mit den Hunden der anderen Mitarbeiter spielen. Ein Traum für jeden berufstätigen Hundehalter. Aber auch im Büro möchte Henry Frauchens ungeteilte Aufmerksamkeit. Ständig sitzt er neben ihr und jammert, so dass die Kollegen manchmal schon genervt reagieren. Daher macht Frau Frede auch alles, damit Henry zufrieden ist. Morgens bekommt er als Erstes ein Schälchen Futter zubereitet, damit er sich nach der Anfahrt ins Büro

Auch Martin Rütter kann sich Henrys Charme nicht entziehen.

erst einmal satt fressen kann. Darauf besteht Henry auch, klar, er hat ja Hunger. Zwar liegen auf dem Boden verteilt diverse harte Hundekekse herum, diese sind jedoch scheinbar nicht nach seinem Geschmack. Wenn ihm zu langweilig wird, besuchen die beiden die Kollegin Conny Busch mit ihrem Labrador Max.

Julia Frede und Henry besuchen die Kollegin Conny Busch und ihren Labrador Max. Der Hundeprofi schaut sich Henrys Verhalten dabei genau an.

Die beiden Hunde spielen gerne miteinander, und Frau Busch hat auch immer ein Leckerchen für Henry in ihrer Schublade liegen. Und da Henry ein cleverer Hund ist, hat er sich das längst gemerkt, so dass er direkt nach der Begrüßung von Max zur Schublade rennt und sich davor setzt. Denn dann gibt es die begehrte Leckerei. Hat Frau Frede einen Termin und kann sich nicht um die Wünsche ihres kleinen Lieblings kümmern, macht Henry lautstark auf sich aufmerksam. Dabei ist ein konzentriertes Arbeiten so gut wie unmöglich. Und auch im Büro kann Frau Frede nicht ohne Henry weggehen, jeder Gang auf die Toilette wird allen Kollegen lautstark angezeigt.

Martin Rütter zu Besuch

Eigentlich hat sich Julia Frede an Martin Rütter gewandt, da sie befürchtete, Henry hätte Angst vor dem Autofahren. Anfangs war dies kein Problem, der kleine Welpe durfte meistens vorne auf dem Beifahrersitz oder sogar auf Frauchens Schoß mitfahren. Seit Frau Frede Henry aber der Sicherheit wegen auf dem Rücksitz unterbringt, angeschnallt mit einem Geschirr, ist die Hölle los. Henry jammert und schreit, er springt am Sitz hoch und ist vollkommen aufgebracht.
Daher stand zunächst einmal eine Autofahrt auf dem Trainingsprogramm, denn Martin Rütter wollte sich ein Bild von Henrys

Verhalten machen. Die Körpersprache zeigte ihm aber schnell, dass Henrys Verhalten nicht durch Angst ausgelöst wird. Denn Henry zeigte keinerlei Anzeichen von Angst, wie zum Beispiel Hecheln, Zittern oder panische Blicke, vielmehr protestierte er lautstark und sehr von sich überzeugt.

Analyse – Ein Hund ohne Frustrationstoleranz

In einem Gespräch erfuhr Martin Rütter dann, wie sich Henry während des Tages verhält und so war relativ schnell klar: Henry ist einfach ein verwöhnter Hund! Sein ganzes Leben lang hat er immer das bekommen, was er wollte. Dieser Umstand führte dazu, dass er nun eine große Frustrationsintoleranz zeigt. Sobald etwas nicht so läuft, wie er das gerne hätte und wie er es gewohnt ist, macht er lautstark darauf aufmerksam. Außerdem ist er im Laufe der Zeit zu der Überzeugung gekommen, dass er auch auf Frauchen aufpassen muss. Schließlich trifft er ja auch sonst alle Entscheidungen, da kann man Frauchen nicht einfach alleine durch die Gegend laufen lassen. Er kontrolliert sie auf Schritt und Tritt. Dass dies für den kleinen Hund aber auch sehr belastend ist, zeigt Henry deutlich. Er findet einfach keine Ruhe und ist daher sehr oft am Rande der

Wichtig

Der Mühe Lohn

Das Wohl des Hundes sollte bei einem Training immer im Vordergrund stehen. Erst wenn der Mensch verstanden hat, dass er durch eine Veränderung seines Verhaltens dazu beiträgt, dass es dem Hund besser geht, macht ein Training wirklich Sinn. Denn ein solches Training ist für den Menschen oft nicht einfach, muss man doch von manchen lieb gewonnenen Ritualen Abstand nehmen und zumindest am Anfang auch starke Nerven besitzen. Erlebt der Mensch jedoch, wie sein Hund von Tag zu Tag entspannter wird, zeigt sich, dass der Aufwand die Mühe wert war.

Erschöpfung. Oft schläft er sogar im Sitzen ein, sich einfach einmal in Ruhe in sein Körbchen legen und entspannen kann er nicht. Als Frau Frede dieser Umstand klar wird, ist sie sehr erschrocken. Eigentlich wollte sie ihrem Hund doch nur Gutes tun und jetzt muss er durch ihr Verhalten leiden. Natürlich möchte sie auch gerne wieder einmal in Ruhe arbeiten können, aber die Hauptmotivation ist, Henry zu helfen.

Training – Agieren statt reagieren

...in der Wohnung

Das Training mit Henry startet zunächst einmal in der Wohnung. Henry muss jetzt lernen, dass er nicht immer im Mittelpunkt steht. Möchte er etwas haben, muss Frau Frede seine Forderungen ignorieren. Sie darf nicht mit ihm spielen, ihn nicht streicheln, nicht einmal mit ihm sprechen. Selbst wenn sie ihn anschaut, wenn er jammert, hat Henry bereits einen kleinen Teilerfolg erreicht, Frauchen hat reagiert. Sie hat zumindest bemerkt, dass er etwas möchte und so wird der kleine Mops

Wichtig

Agieren

Der Leitspruch heißt also: „Agieren statt reagieren!" Denn natürlich soll Henry auch weiterhin Sozialkontakt bekommen, Frau Frede darf weiterhin mit ihm spielen und ihn streicheln, aber immer nur, wenn sie dies will.

Henry hat seinen neuen Liegeplatz schnell akzeptiert, er bleibt sogar entspannt liegen, wenn das Kamerateam um ihn herum agiert.

immer weiter jammern. Selbst wenn Frau Frede mit Henry schimpfen würde, würde sie damit auf sein Verhalten reagieren. Zudem soll Henry lernen, dass er für sein Frauchen keine Verantwortung mehr übernehmen muss. Er darf sich daher nicht mehr auf privilegierten Liegeplätzen wie dem Sofa oder dem Bett aufhalten. Springt er doch wieder einmal darauf, hebt Frau Frede ihn kommentarlos herunter. Henry bekommt ein kuscheliges Körbchen als neuen Liegeplatz zugewiesen, in den Frau Frede ihn stattdessen schickt. Das Körbchen steht neben dem Sofa bzw. neben dem Bett, so dass Henry immer noch in ihrer Nähe sein darf, aber nicht er entscheidet, wo er liegt. Henry darf sie zudem nicht mehr überall hin verfolgen, er muss draußen warten, wenn Frau Frede ins Bad geht. Fängt er dabei an zu jammern, ignoriert sie dieses Verhalten einfach.
Bereits nach wenigen Tagen kann Frau Frede Veränderungen feststellen. Anfangs war es zwar hart für sie, durchzuhalten, aber Henry hat schnell gelernt, dass er mit seinem bisherigen

Verhalten keinen Erfolg mehr hat. Und da Hunde Opportunisten sind, das heißt, sie führen ein Verhalten nur dann aus, wenn es sich für sie lohnt, stellt er nicht lohnendes Verhalten ein. Jetzt ist es wichtig, dass Frau Frede durchhält und nicht doch einmal wieder schwach wird. Denn dann wirkt das Prinzip der variablen Verstärkung: Ein Verhalten, das nur ab und an belohnt wird, zeigt der Hund noch öfter und ausdauernder!

... im Auto

Damit Henry nicht weiterhin im Auto nervt, soll Frau Frede das Autofahren in nächster Zeit erst einmal vermeiden. Da sie die Möglichkeit hat, mit Bus und Bahn zur Arbeitsstelle zu gelangen, ist dies auch kein Problem. Würde man auch in diesem Bereich direkt mit einem Training beginnen, könnte dies Henry überfordern. Denn verändern sich plötzlich alle Lebensumstände, kann das beim Hund zu einer großen Verunsicherung führen. Daher muss man in kleinen Teilschritten trainieren. Julia Frede kann in einem nächsten Schritt anfangen, das Autofahren mit Henry zu trainieren. Hierfür sind zunächst einmal kurze Fahrten nötig, Henry soll lernen, im Auto zu entspannen. Frau Frede fährt also zunächst einmal ein kurzes Stück und macht dann eine Pause. Beim Anhalten dreht Henry erst richtig auf, denn früher ging es schließlich sofort los und er konnte etwas Spannendes erleben. Jetzt bleibt Frau Frede einfach im Auto sitzen und wartet. Kommt Henry zur Ruhe, weil er merkt, dass keine Aktion angesagt ist, fährt Frau Frede wieder nach

Martin Rütter interessiert auch Henrys Verhalten außerhalb des Hauses.

> **Wichtig**
>
> **Sicherheit im Auto**
>
> Die Sicherung des Hundes im Auto ist sehr wichtig, denn ein ungesicherter Hund kann zur Gefahr für alle Mitfahrenden werden. Muss der Mensch plötzlich bremsen, fliegt der Hund wie ein Geschoss durch das Auto! Daher fährt ein Hund entweder im hinteren Teil des Autos mit – gesichert durch ein Gitter bzw. Netz oder untergebracht in einer fest stehenden Box – oder aber auf dem Rücksitz, mit einem Geschirr angeschnallt.

Training 39

Henry wickelt mit seinem Blick jeden um die Pfote!

Hause. So wird das Autofahren Schritt für Schritt zu etwas „Normalem" und „Alltäglichem". Henry lernt, dass er erst aussteigen darf, wenn er ruhig ist. Da aber nicht immer ein Spaziergang auf dem Programm steht, verliert die Autofahrt für ihn an Bedeutung. Und weil Henry ja keine Angst vor dem Autofahren gezeigt hat, braucht Frau Frede das Autofahren für Henry auch nicht positiv zu verstärken, indem Sie ihn zum Beispiel im Auto füttert oder dort mit ihm spielt. Damit würde sie nämlich genau das Gegenteil erreichen: Henry würde durch die spannende Aktion immer aufgeregter werden.

Stehen doch einmal längere Fahrten an, setzt Frau Frede Henry vorübergehend in den Fußraum des Beifahrersitzes, denn hier verhält er sich ruhig.

Henry ist ein junger Hund, der beschäftigt werden muss, damit er keinen Unsinn anstellt.

...im Büro

Beim nächsten Training stehen Veränderungen im Büro an. Henry bekommt natürlich auch hier keine Aufmerksamkeit mehr von Frauchen, wenn er unerwünschtes Verhalten zeigt. Aber auch die Kollegen müssen mitarbeiten. Auch sie müssen seine Forderungen ignorieren! Zudem dürfen sie ihm keine Leckerchen mehr geben, denn Henry soll in nächster Zeit sein Futter ausschließlich von Frau Frede bekommen. Und Frau Frede muss dafür sorgen, dass ihr Mops beschäftigt wird. Denn Henry ist noch ein sehr junger Hund, der viel Aktivität benötigt. Da reicht ein Spaziergang, selbst wenn er über zwei Stunden geht, nicht aus. Denn ein Spaziergang sorgt lediglich für die körperliche Auslastung, Henry muss aber auch geistig beschäftigt werden.

Frau Frede hofft, bald wieder in Ruhe arbeiten zu können.

Training | 41

Der Hundeprofi bespricht mit Frau Frede das weitere Training im Büro.

Für dieses Training nutzt Martin Rütter Henrys Futter. Bisher hat er Nassfutter bekommen, welches für ein Training jedoch eher ungeeignet ist, da man es nicht in viele kleine Portionen aufteilen kann.

Henry bekommt sein Futter nun also nicht mehr morgens als erste Handlung im Büro, sondern über den ganzen Tag verteilt. Hierfür eignet sich Trockenfutter, denn davon kann man immer mal wieder ein paar Brocken nehmen und eine kleine Übung machen. Gerade am Anfang ist dies besonders wichtig, denn schließlich muss Henry neue Übungen in vielen Wiederholungen erlernen. Später kann man dann das Training auch in zwei oder drei Blöcke über den Tag verteilt aufteilen und dementsprechend auch die Futterportionen gestalten.

Henry wartet gespannt auf die Aktionen im Büro.

 Info

Nassfutter

Auch Hunde können Zahnprobleme bekommen! Daher ist neben einer täglichen Zahnkontrolle vor allem die Zahnpflege wichtig. Hunde, die ausschließlich mit Nassfutter ernährt werden, neigen schnell zu Zahnsteinbildung. Hier muss man den Hunden zum Ausgleich Kauartikel anbieten, diese kräftigen die Kaumuskulatur und beugen Zahnstein vor.

Info

Regelmäßige Futterzeiten

Grundsätzlich sollte man einen Hund nicht immer zur gleichen Zeit füttern. Unregelmäßige Futterzeiten sind zum einen „natürlich", denn auch draußen in der Natur kommt der Hase ja nicht immer um 17 Uhr angelaufen, damit der Hund ihn fressen kann. Zum anderen bedeuten sie aber auch eine Erleichterung für Hund und Mensch. Denn nicht immer kann der Mensch seinen Tagesablauf vollständig nach dem Hund richten. Ist der Hund jedoch eine feste Uhrzeit gewohnt, besteht die Gefahr, dass er den Menschen im Falle der Nichtbeachtung dieser Regel empört darauf hinweist. Und das kann ganz schön nervend sein. Aber auch für den Hund ist dieses Verhalten stressig. Zudem bekommt er oft auch ein gesundheitliches Problem, er produziert in Erwartung des Futters eine große Menge an Magensäure. Dies führt dann dazu, dass er sich oft übergeben muss. Weiß er jedoch nicht, wann es Futter gibt, wird er entspannt mit Veränderungen umgehen können. Übrigens erleidet ein Hund auch nicht direkt Hunger, wenn einmal eine Portion am Tag ausfällt oder um ein paar Stunden verschoben wird.

Wasser muss dagegen immer zur Verfügung stehen! Das beste Beispiel dafür, dass Hunde diese Art der Fütterung problemlos vertragen, sind die Hunde der Obdachlosen. Sie bekommen immer dann Futter, wenn gerade etwas vom Essen der Menschen für sie abfällt. Und in der Regel sind diese Hunde sehr entspannt.

Erwünschtes Verhalten belohnen

In der ersten Übungseinheit soll Henry lernen, dass es sich lohnt, ruhig zu sein. Frau Frede legt sich dafür eine Handvoll Trockenfutter auf den Schreibtisch. Immer wenn Henry nun ruhiges und abwartendes Verhalten zeigt, spricht sie ihn mit

Frau Frede trainiert mit Henry Futtersuchspiele im Büro.

Namen an und wirft ihm ein Stück Trockenfutter auf den Boden. Frau Frede muss hier nun aber sehr genau sein und anfangs die kurzen Zeiten, die Henry ruhig ist, abpassen. Denn spricht sie ihn zu spät an, also dann, wenn er gerade wieder angefangen hat zu jammern, würde sie das Jammern belohnen und es damit verstärken! Hier ist genaues Timing gefragt. Die Belohnung muss auch direkt erfolgen, denn sonst kann Henry sie nicht mehr mit dem ruhigen Verhalten verknüpfen. Hier hat man ein Zeitfenster von etwa zwei Sekunden, innerhalb dieser Zeit muss man reagieren. Daher liegt das Futter auch griffbereit auf dem Schreibtisch.

Das Trockenfutter kann Frau Frede nun mit der Zeit immer weiter wegwerfen, so dass Henry hinterherjagen muss. So wird aus der Übung schnell ein kleines Jagdspiel. Vielleicht muss er sogar einmal richtig seine Nase einsetzen und das Futter suchen, da es so weit weggeflogen ist, dass er es nicht mit den Augen verfolgen konnte. Mit dieser Beschäftigung erreicht Frau Frede drei Dinge auf einmal:

> Henry lernt, dass nur ruhiges Verhalten zu einer Belohnung führt.
> Henry wird über den Tag geistig beschäftigt, denn ein junger Hund kann nicht acht Stunden lang im Körbchen neben Frauchen liegen und warten, bis der Arbeitstag beendet ist.
> Henry wird sich nun häufiger bei Frau Frede aufhalten und die anderen Kollegen nicht mehr ständig belästigen, da es ja nun in Frauchens Büro immer wieder einmal spannend ist.

Henry ist von Frauchens Spiel begeistert.

Familie Heinrich mit Riesenschnauzer-Berner Sennenhund-Mischling Cäsar.

Martin Rütter begutachtet zunächst einmal Cäsars Verhalten im Alltag.

Vorgeschichte – Drei Hunde in einem Haushalt

Viele Menschen halten inzwischen mehr als einen Hund, so auch Familie Heinrich. Allerdings fällt hier einer der drei Hunde direkt auf, und das nicht nur durch sein Verhalten. Cäsar ist ein fünf Jahre alter Riesenschnauzer-Berner Sennenhund-Mischlingsrüde. Da beide Rassen nicht gerade klein sind, ist auch Cäsar ein stattliches Exemplar von einem Hund. Cäsar lebt zusammen mit zwei weiteren Hunden. Peggy, eine 15 Jahre alte Yorkshireterrierhündin lebt seit drei Jahren hier. Sie genießt den Bonus des Alters und wird von den beiden anderen Hunden der Familie in Ruhe gelassen, so dass sie ihr Leben in ihrem eigenen Rhythmus leben kann. Vor anderthalb Jahren kam dann noch die vier Wochen alte Bearded Collie-Mischlingshündin Susi dazu. Unter den Hunden gibt es kein Problem, aber nachdem sich Cäsar zu einem sehr großen Hund entwickelt hat, ist es für die Familie zusammen mit Susi nicht immer einfach. Denn Susi schaut sich inzwischen so manches unerwünschte Verhalten von Cäsar ab.

Problem 47

Cäsar fordert seinen Teil des Essens vehement ein.

Problem – Ein Kraftpaket ohne Manieren

Cäsar ist vollkommen distanzlos. Und das ist bei einem so großen Hund in dem doch eher kleinen und verwinkelten Häuschen der Familie nicht wirklich einfach. Der Riese läuft ständig hinter den Familienmitgliedern her und verlangt nach Aufmerksamkeit. Er stupst sie an, wenn er gestreichelt werden will, er bellt, wenn er nach draußen will, und er bettelt, wenn gegessen wird. Er klaut Essen direkt aus der Hand und holt sogar die Töpfe vom Herd, die er dann ohne zu Zögern auf seine Decke schleppt und leer frisst. Dabei ist es ihm egal, ob die Menschen anwesend sind oder nicht. Sein Lieblingsplatz ist auf dem Treppenabsatz im Flur, denn von da aus kann er alles beobachten und kontrollieren. Möchte jemand in das obere Stockwerk, muss er über den riesigen Hund steigen.
Susi hat sich bereits einige Verhaltensweisen abgeschaut, und wird nicht bald etwas unternommen, hat die Familie zwei Hunde, die sich zu wahren Tyrannen entwickeln können.

Das Filmteam begleitet Martin Rütter und Familie Heinrich auf dem Spaziergang.

Zudem wird der Spaziergang mit den beiden Hunden immer mehr zum Problem. Frau Heinrich ist eine zierliche Person, das Kräfteverhältnis zwischen ihr und Cäsar liegt eindeutig auf der Seite des Hundes. Da Cäsar nun auch stark an der Leine zieht, muss auf Spaziergängen immer Herr Heinrich Cäsar führen. Das Problem beginnt aber schon viel früher, denn bereits beim Holen der Geschirre für den Spaziergang entsteht ein völliges Tohuwabohu, die beiden Hunde toben aufgeregt durch die Wohnung. Cäsar gibt lautstarke Unmutsäußerungen von sich, es dauert ihm alles viel zu lange. Er bellt so lange, bis Frau Heinrich erst einmal die Tür öffnet und die Hunde hinaus in den Garten lässt. Aber auch das dauert Cäsar zu lange, er hüpft im Flur herum, steigt mit den Pfoten auf die Klinke und ist extrem fordernd.

Analyse – Cäsar weiß, was er will

Cäsar wusste schon als Welpe seinen Charme einzusetzen und hat die Menschen um den Finger gewickelt. Verhalten, das heute lästig und aufdringlich ist, fanden Heinrichs niedlich, als Cäsar noch klein und süß war. So bekam er als Welpe auch immer einen Teil vom Essen der Menschen ab, weil er doch so süß schaute. Als er größer wurde und seine Familie sich manchmal gestört fühlte, bekam er nur noch ab und an etwas ab. Schließlich war Cäsar immer noch ihr Liebling, er sollte doch auch hin und wieder einmal etwas Besonderes haben.

Analyse | 49

 Info

Variable Verstärkung

Um einem Hund etwas beizubringen, nutzt man die verschiedenen Lerntheorien und -gesetze. Eines dieser lerntheoretischen Gesetze ist das der variablen Verstärkung. Hat man dem Hund also ein Verhalten wie zum Beispiel das Signal „Fuß" beigebracht, so dass er es sicher zeigt, muss man von der kontinuierlichen Verstärkung zur variablen Verstärkung wechseln. Würde man den Hund weiterhin dauerhaft für jeden Schritt „Fuß" belohnen, würde der Hund bald das Interesse verlieren. Der Mensch muss hier also unberechenbar bleiben und nicht mehr jeden Schritt belohnen. Im Idealfall variiert er und belohnt den Hund einmal nach fünf Schritten, dann nach zehn und dann wieder nach drei Schritten. Dieses lerntheoretische Gesetz gilt aber nicht nur für erwünschtes, sondern auch für unerwünschtes Verhalten! Bekommt ein Hund also beim Betteln am Tisch nur gelegentlich etwas vom Essen ab, wird er das Verhalten in Zukunft immer stärker zeigen.

Durch dieses Verhalten hat Familie Heinrich jedoch Cäsars forderndes und aufdringliches Verhalten noch weiter verstärkt. Er hat gelernt: Bleib dran, irgendwann bekommst du, was du willst! Dieses Verhalten hat er nach und nach auf alle Lebensbereiche ausgedehnt, so dass inzwischen er derjenige ist, der in allen Bereichen entscheidet.

Cäsar und Susi ziehen beim Spaziergang beide stark an der Leine.

Cäsar bekommt ab sofort nichts mehr vom Tisch.

Martin Rütter zu Besuch

Martin Rütter ist schnell klar, wo das Problem liegt. Ähnlich wie im Fall von Mops Henry manipulieren hier die Hunde die Menschen. Dies wird schnell deutlich, als Familie Heinrich nach dem ersten Besuch des Hundeprofis eine Strichliste anlegt, in der aufgeschrieben wird, wie oft sie und wie oft Cäsar eine Aktion initiieren. Das Ergebnis liegt eindeutig zugunsten Cäsars.

Wichtig

Das ständige Wegscheuchen von Liegeplätzen bedeutet für einen Hund extremen Stress. Das kann man z. B. daran erkennen, dass sie stark hecheln. Daher darf man dieses Training nicht übertreiben. Die Folge könnte sonst sogar eine aggressive Reaktion dem Menschen gegenüber sein!

Training – Ein Hund lernt folgen

... in der Wohnung

Cäsar bekommt eine feste Liegestelle in der Wohnung zugewiesen. Diese befindet sich im Schlafzimmer, da hier ausreichend Platz für ihn ist, denn er soll sich auf der Liegestelle wohlfühlen und sich auch einmal der Länge nach ausstrecken können. Außerdem hat er von hier aus einen direkten Blick ins Wohnzimmer, so dass er auch weiterhin am Leben der Familie teilnehmen kann. Denn schließlich soll er nicht ausgeschlossen werden, der Entzug von Sozialkontakt kommt für Hunde einer Strafe gleich. Alle anderen Plätze werden ihm nun unangenehm gemacht, indem Familie Heinrich ihm den Weg abschneidet oder genau da entlanggeht, wo er gerade liegt und

Herr Heinrich schickt Cäsar auf seinen neuen Liegeplatz im Schlafzimmer.

ihn zum Aufstehen zwingt. Zusätzlich wird er öfter auf die Decke geschickt, dort hat er seine Ruhe. Dieses Training kann man noch dadurch verstärken, dass man Cäsar auf seiner Decke füttert oder ihm dort einen Kauknochen gibt. So verknüpft er mit dem Liegen auf der Decke gleichzeitig etwas Angenehmes. Weiterhin müssen Heinrichs ähnlich wie im Fall Henry sämtliche Aufforderungen von Cäsar ignorieren. Er bekommt Aufmerksamkeiten in Form von Streicheln, Futter oder Spiel nur, wenn seine Familie die Aktion dazu startet. Zudem bekommt Cäsar nichts mehr vom Tisch!

 Info

Anonyme Korrektur

Man sollte bei Hunden niemals eine anonyme Korrektur durchführen. Der Hund muss immer wissen, von wem und aus welchem Grund er korrigiert wird, sonst kann dies zu starker Verunsicherung führen. Und wenn die Korrektur dann noch im eigenen Zuhause durchgeführt wurde, fühlt sich der Hund hier nicht mehr sicher. Dies darf auf gar keinen Fall passieren, da dieses Erlebnis für den Hund traumatischen Charakter haben kann. Klaut der Hund also zum Beispiel Essen in Abwesenheit der Menschen, wird er hierfür nicht korrigiert. Vielmehr liegt es nun an den Menschen, die durch Wegräumen von allem Essbaren verhindern müssen, dass der Hund weiterhin die Möglichkeit hat, etwas zu klauen.

Vor dem Spazierengehen

Das Leinenführtraining startet erst einmal in der Wohnung. Denn auch in dieser Situation fordert Cäsar lautstark seine Wünsche ein. Somit sollen die beiden Hunde zunächst einmal lernen, in Ruhe abzuwarten, bis sie ihre Geschirre anhaben und Frau Heinrich die Tür geöffnet hat. Dazu muss sie den Hunden mehrmals täglich das Geschirr an- und wieder ausziehen. Es geht darum, Schlüsselreize abzubauen, die den kommenden Spaziergang bereits ankündigen. Dazu gehört auch, dass Herr Heinrich den Spaziergang immer mit den Worten: „Komm, wir gehen Pipi machen" startet. Dies puscht die Hunde noch zusätzlich auf. Allein schon der Satz genügt, um sie von entspanntem Liegen in helle Aufregung zu versetzen.

Von wegen, wir gehen spazieren

Frau Heinrich holt also in nächster Zeit mehrmals täglich das Geschirr hervor und zieht es Cäsar an. Danach schickt sie ihn einfach wieder auf seine Decke, denn das Geschirr soll nichts besonders Spannendes mehr ankündigen. Allerdings soll sie

Martin Rütter erklärt Heinrichs, worauf sie vor dem Spaziergang achten müssen.

Herr Heinrich trainiert mit Cäsar das Anziehen des Geschirres. Danach passiert dann erst einmal gar nichts.

immer noch einen kurzen Augenblick warten, bevor sie Cäsar auf die Decke schickt. Würde sie ihn direkt nach dem Anziehen hinschicken, besteht die Gefahr, dass die Aktion zu einem Streit ausartet. Cäsar ist ja zunächst einmal noch sehr aufgeregt nach dem Anziehen des Geschirrs, und deshalb muss Frau Heinrich mit dem Auf-die-Decke-Schicken so lange warten, bis Cäsar sich einigermaßen beruhigt hat. Liegt Cäsar ruhig und ohne zu hecheln eine Zeit lang auf seinem Liegeplatz, bekommt er das Geschirr wieder ausgezogen.

Schlüsselreize abbauen
Dieses Verfahren kann man mit allen Reizen durchführen, die für Hunde den Spaziergang ankündigen. Das kann zum Beispiel das Aufnehmen des Schlüssels, das Holen der Leine oder das Anziehen der „Hundespaziergang-Schuhe" sein. Die Reize werden dabei zunächst einzeln trainiert, bevor sie dann auch kombiniert geübt werden können. Und geht es dann tatsächlich nach draußen, wartet Frau Heinrich so lange, bis ihre Hunde an der Haustür zur Ruhe gekommen sind, erst dann dürfen sie hinaus in den Garten. Hier kann man auch die Tür zu Hilfe nehmen. Strecken die Hunde ihre Nase direkt aus der Tür, sobald diese geöffnet wird, schließt man sie einfach wieder. So lernt der Hund, in Ruhe zu warten, bis sein Mensch ihm das Signal gibt, durch die Tür zu gehen.

Gutes Benehmen an der Leine

Nun geht es also nach draußen, die beiden Hunde sollen lernen, an lockerer Leine zu laufen. Dazu ist es notwendig, zunächst einmal einzeln mit beiden Hunden zu trainieren.

Vertrauen an der Leine

Das Ziehen sowie andere Verhaltensweisen eines Hundes an der Leine sagen sehr viel über die Beziehung zwischen Mensch und Hund aus. Ideal wäre, wenn der Hund an durchhängender, lockerer Leine entspannt neben seinem Menschen läuft. Dabei passt er sich vertrauensvoll dem Menschen an, der für ihn verschiedene Aufgaben übernimmt. Der Mensch achtet auf mögliche Gefahren, die den Hund eventuell erwarten. Kommt zum Beispiel ein anderer Hund ohne Leine angerannt? Steht hinter der nächsten Häuserecke etwas, wovor er sich fürchten könnte? Aufgabe des Menschen ist, sich um die Umgebung zu kümmern und seinen Hund sicher hindurchzuführen. Vertraut der Hund seinem Menschen, orientiert er sich an ihm und überlässt ihm die Führung, so kann er ganz entspannt durchs Leben laufen. Kein anderer Hund wird ihn belästigen, kein Fahrrad zu dicht an ihm vorbeifahren, kein Kind ihn necken. Dafür sorgt der Mensch. Der Hund braucht sich weder zu fürchten, noch aggressiv auf Menschen oder Artgenossen zu reagieren, noch Ausschau nach Jagdbeute zu halten. Dazu hat er ja keinen Grund, denn er hat schließlich seinen Menschen.

Martin Rütter erklärt Familie Heinrich die nächsten Schritte des Leinenführtrainings.

Der Hundeprofi ist optimistisch, Cäsars Fortschritte sind bereits gut sichtbar.

Ziehen durch unbewusstes Verstärken
Leider ist jedoch häufig das Gegenteil der Fall und der Hund zieht den Menschen durch die Gegend. Oftmals ist dieses Verhalten aber auch erlernt, nämlich dann, wenn der Hund Aufmerksamkeit zum falschen Zeitpunkt bekommt. Der Mensch bringt ihm das Ziehen an der Leine also unbewusst bei.
Viele Hunde erleben, dass niemand mit ihnen Kontakt aufnimmt, wenn sie sich „vernünftig" benehmen. Der Hund latscht gemütlich mit seinem Menschen mit, aber niemand belohnt ihn dafür, spricht ihn an, spielt mit ihm, füttert ihn oder Ähnliches. Jetzt bekommt er einen interessanten Geruch in die Nase und beginnt, nach vorne zu ziehen. Und siehe da: Der Mensch, der vorher kommentarlos neben ihm herging, beginnt mit einem Mal zu sprechen und sich mit ungeteilter Aufmerksamkeit ihm zu widmen. Auch wenn es eine negative Form der Aufmerksamkeit ist, in aller Regel beginnt der Mensch mit „Nein" und „Fuß" auf den Hund einzuwirken, so ist es immerhin ein sozialer Kontakt. Vielen Hunden ist es lieber, verbal gemaßregelt zu werden, als überhaupt keinen Kontakt zu haben.
Wie erreicht man nun aber, dass der Hund an lockerer Leine geht? Der Mensch muss darauf achten, die Leine nicht auf Spannung kommen zu lassen. Durch rechtzeitige Richtungs- und Tempowechsel lässt man den Hund nicht mehr nach vorne kommen. Der Hund soll lernen, dass er seinen Menschen respektiert, der Mensch entscheidet, wo es lang geht und der Hund muss sich an ihm orientieren. Dazu braucht es weder Gebrüll noch Gewalt, sondern nur eine gehörige Portion Geduld und Durchhaltevermögen.

Damka – Ein Welpe zieht ein

Hovawarthündin Yule ist nicht gerade begeistert von dem Neuzugang.

Vorgeschichte – Ein Zweithund soll es sein

Familie Dufrenne ist aufgeregt, denn bald ist es so weit und ihr neues Familienmitglied wird einziehen. Astrid und Stephan Dufrenne leben mit ihrer siebenjährigen Hovawarthündin Yule zusammen. Nach dem Tod ihrer alten Hündin, ebenfalls ein Hovawart, soll nun wieder ein zweiter Hund ins Haus kommen. Also wurden Züchter besucht und nach sorgfältiger Auswahl und achtwöchiger Wartezeit ist es nun so weit: Die kleine Hovawarthündin Damka zieht morgen ein.

Frau Dufrenne und Yule sind schon lange Zeit ein eingespieltes Team.

Problem – Yule weist Damka in die Schranken

Der erste Kontakt der beiden Hunde war leider nicht so positiv, wie es sich die Menschen vorgestellt hatten. Von ihrer alten Hündin war Yule damals sehr freundlich aufgenommen worden, sie durfte mit ihr in einem Korb liegen und es entstand ein inniges Verhältnis zwischen den beiden Hunden. Yule jedoch zeigt von

Wird sich die junge Hovawarthündin Damka in das Rudel integrieren?

Anfang an, dass sie keine Lust auf die kleine Damka hat und verhält sich ihr gegenüber zurückhaltend und im Kontakt sehr grob. Damka wird angeknurrt, wenn sie sich Yule nähert, und Yule startet mehrmals heftige Attacken. Dufrennes machen sich wirklich Sorgen um den kleinen Welpen, denn bei einer ernsthaften Attacke hat Damka kaum eine Chance gegenüber Yule. Müssen sie sich eventuell wieder von Damka trennen und den Wunsch nach einem Zweithund aufgeben? Dies ist für Familie Dufrenne der Grund, sich an den Hundeprofi zu wenden.

Martin Rütter zu Besuch

Als Martin Rütter die Familie Dufrenne besucht, ist Damka seit drei Tagen im Haus. Der Hundeprofi sieht sofort, wo hier das Problem liegt: Damka ist ein frecher und vollkommen distanzloser Welpe, sie respektiert die Individualdistanz, die Yule einfordert, überhaupt nicht. Sie rast durch die Wohnung und rempelt die ältere Hündin dabei hemmungslos an. Yule kann ein solches Verhalten nicht akzeptieren und weist den Welpen in seine Schranken. Sie fordert ihre Individualdistanz ein, indem sie Damka nicht in ihrer Nähe liegen lässt, und korrigiert sie sofort, wenn diese körperlich wird.

Ein junger Hund zieht ein

Nicht immer findet ein älterer Hund den Einzug eines jungen Hundes toll. Ist der Hund bereits sehr alt, kann diese Veränderung für ihn viel Stress bedeuten. Wir Menschen deuten dies oft positiv und haben das Gefühl, der alte Hund erlebe gerade seinen zweiten Frühling. Er ist noch einmal so richtig agil und munter. Dass dieses Verhalten aber oft aus der Not heraus entsteht, damit der alte Hund dem jungen Hund seine Grenzen zeigen kann, ist für uns Menschen oft nicht ersichtlich. Daher sollte man genau überlegen, ob die Gesellschaft eines Hundes

Damka ist eine sehr aktive und neugierige junge Hündin. Sie nimmt sofort Kontakt mit Andrea Buisman auf.

Martin Rütter schaut sich zunächst das Verhalten der beiden Hunde im Alltag an.

Analyse 61

 Wichtig

Welpenschutz

Gerade bei Hündinnen ist beim Einzug eines Welpen Vorsicht geboten, denn ein Welpenschutz existiert in diesem Fall nicht. Welpenschutz gibt es immer nur im eigenen Rudel, eine Hündin, die einen fremden Welpen tötet, um so Nahrung und Lebensraum für ihre eigenen (eventuell noch kommenden) Welpen zu sichern, ist also nicht verhaltensgestört. Wenn sich zwei Hündinnen jedoch einmal verstehen, entwickelt sich oft ein Mutter-Tochter-Verhältnis, das ein Leben lang bestehen bleibt.

für den eigenen Hund tatsächlich von Vorteil ist. Zudem gibt es auch unter Hunden Sympathien und Antipathien, ein Hund mag nicht immer jeden anderen Hund. Daher muss ein Zweithund sorgfältig ausgewählt werden, er muss schließlich nicht nur zu den Wünschen und Interessen der Menschen, sondern auch zum bereits in der Familie lebenden Hund passen.

Analyse – Ein Wirbelwind lernt Grenze

Herr und Frau Dufrenne müssen sich keine Sorgen machen, die Zurechtweisungen von Yule bleiben im Rahmen einer Korrektur, Yule hat nicht etwa vor, Damka ernsthaft zu verletzen. Die ältere Hündin weist sie lediglich in ihre Schranken, sie findet die Anwesenheit von ihr zwar nicht toll, akzeptiert sie aber. Damka ist allerdings ein rotzfrecher Welpe, sie muss lernen, sich gegenüber Yule und auch gegenüber ihren Menschen respektvoll zu verhalten. Dies ist besonders bei Frau Dufrenne wichtig, da diese aufgrund ihrer Krankheit nicht so gut laufen kann und auf den Rollstuhl angewiesen ist. Daher wird der Hauptaspekt beim Training auf die Grunderziehung des Welpen gelegt.

Training – Erziehung von Anfang an

Damit Damka sich in Zukunft Menschen gegenüber respektvoll verhält, müssen die Dufrennes sie – ähnlich wie Yule – für freches Verhalten korrigieren.

Übungsaufbau für „Tabu"

Wichtig bei der Etablierung eines Tabus ist das beherzte, zügige Eingreifen, ohne zu zögern. Am einfachsten ist, Sie spielen mit etwas, mit dem Ihr Hund niemals spielen darf. Spielen Sie nun so auffällig und ausgelassen, dass Ihr Hund Interesse an dem Gegenstand entwickelt. Halten Sie kurz inne, lassen den Gegenstand vor sich hinfallen und zeigen sich für einen kurzen Moment uninteressiert. In dem Moment, in dem Ihr Hund nun den Gegenstand „berührt", sprechen Sie mit ruhiger Stimme das Wort „Tabu" aus und greifen unmittelbar und ruhig auch etwas grober als sonst über den Fang des Hundes. Lösen Sie den Griff sofort wieder, nehmen den Gegenstand auf und gehen weg. Diese Form des Schnauzgriffes nutzen auch Hunde untereinander, um Tabus durchzusetzen. Jeder Welpe hat erlebt, dass seine Mutter bzw. ein erwachsener Hund über seinen Fang gebissen hat, um einer Warnung Nachdruck zu verleihen.

Herr Dufrenne beim Tobespiel mit Damka.

Festigen des Signals

Wiederholen Sie diese Übung, über einen Zeitraum von ca. sieben Tagen, etwa vier bis fünf Mal. Wichtig ist, dass Sie die Korrektur per Schnauzgriff und mit dem Wort „Tabu" auch bei anderen „Faux-Pas" Ihres Hundes anwenden, damit er einen eindeutigen Bezug zu dem Wort und nicht zu der jeweiligen Situation bekommt. Er wird sonst verbinden: „Immer, wenn mein Mensch mit etwas spielt, folgt für mich im Anschluss eine Sanktion." Und das ist selbstverständlich nicht unser Ziel. Sie werden bereits nach einigen Wiederholungen erleben, dass das Wort „Tabu" ausreicht, um dem Hund zu vermitteln, dass das, was er gerade tut, nicht erlaubt ist.

Schnauzenzärtlichkeiten

Sorgen Sie dafür, dass Ihr Hund in anderen Situationen auch erlebt, dass Ihre Hände vorsichtig und streichelnd seinen Fang

Frau Dufrenne trainiert mit Damka das Signal „Down".

umfassen. Denn er soll keine Scheu vor Ihren Händen entwickeln. Diese Form der Schnauzenzärtlichkeiten tauschen Hunde nämlich sehr wohl auch untereinander aus. Sind Sie sich nicht sicher, ob Ihr Hund in der hier beschriebenen Übung Aggressionen Ihnen gegenüber zeigen könnte, suchen Sie dringend professionelle Hilfe, bevor Sie sich in Gefahr bringen.
Für Frau Dufrenne ist es besonders wichtig, dass Damka genauso wie die ältere Hündin Yule gut auf ihre Signale reagiert. Daher muss sie vor allem die Grundsignale „Sitz", „Platz" und

Das Training mit Damka ist für Frau Dufrenne aufgrund ihrer Krankheit nicht einfach.

„Hier" beherrschen. Aber auch die Leinenführigkeit am Rollstuhl sowie die Beschäftigung von Damka vom Rollstuhl aus wird ein Thema des folgenden Trainings sein.

Da Damka für die Dufrennes nicht der erste Hund ist, fällt ihnen das Training der Grundsignale nicht schwer. „Sitz" kann Damka bereits, als der Hundeprofi das erste Mal zu ihnen kommt, „Platz" und „Hier" lernt Damka in den darauffolgenden Wochen. Probleme gibt es allerdings immer wieder dann, wenn Yule beim Training mit dabei ist. Sie beherrscht die Signale bereits perfekt und kommt immer sofort angelaufen, wenn Frau Dufrenne mit Damka trainieren will. Dies führt zum einen zu einer Konkurrenzsituation, die Frau Dufrenne ja eigentlich auf jeden Fall vermeiden will. Zum anderen kann sich Frau Dufrenne auch nicht ausschließlich auf Damka konzentrieren und diese nicht immer rechtzeitig belohnen. Dadurch ist Damka oft unsicher, welches Verhalten nun von ihr verlangt wird.

Info

Training mit zwei Hunden

Möchte man mit zwei Hunden trainieren, muss man die Übungen zunächst einmal mit beiden Hunden einzeln aufbauen. Erst wenn beide Hunde die Übungen sicher beherrschen, kann man ein gemeinsames Training starten. Zieht ein neuer Hund in eine Familie ein, bedeutet dies in der Regel, dass man im ersten Jahr die meisten Übungseinheiten einzeln machen muss. Ein zweiter Hund bedeutet also zu Beginn doppelt so viel Zeitaufwand. Denn auch einfache Spaziergänge sollte man getrennt durchführen, damit der neue Hund lernt, sich am Menschen zu orientieren. Ist der andere Hund immer mit dabei, besteht die Gefahr, dass sich die Hunde eher aneinander als am Menschen orientieren. Und dies wird spätestens dann zum Problem, wenn einer der beiden Hunde stirbt.

Beim gemeinsamen Training startet man zunächst einmal mit einfachen und ruhigen Übungen. Während Hund A das Signal „Bleib" durchführen soll, kann man Hund B zu sich rufen. Dann werden beide Hunde belohnt und die Übungen getauscht. Kann z. B. der wartende Hund die Spannung nicht aushalten und steht ebenfalls auf, um zu seinem Menschen zu laufen, ignoriert man dieses Verhalten einfach. Zunächst einmal belohnt man Hund B, der ja korrekt auf das Signal „Hier" gekommen ist. Danach bringt man Hund A wieder auf seinen Platz zurück und führt die Übung erneut durch. Allerdings sollte man die Schwierigkeit geringer gestalten, indem man die Entfernung des Heranrufens nicht zu weit ausdehnt.

Training 65

Herr und Frau Dufrenne trainieren mit Damka das Signal „Hier".

Heranrufen zu Zweit

Herr und Frau Dufrenne können das Signal „Hier" auch zu zweit einüben, indem sie Damka zwischen sich hin und herrufen. Hierbei ist es aber wichtig, sich genau abzusprechen, damit nicht beide Menschen den Hund gleichzeitig rufen. Und wenn Damka versucht, die Menschen zu manipulieren, indem sie sich einfach vor einen der beiden setzt und auf ein Leckerchen wartet, muss derjenige sie ignorieren. Der andere wartet einfach kurz, bis sie wieder ansprechbar ist, und ruft sie dann.

Apportiertraining für Damka

Da Damka ein sehr aktiver Hund ist, sollte Frau Dufrenne sie auch ausreichend beschäftigen. Die Schwierigkeit bei diesem Training liegt darin, dass Frau Dufrenne auf eine Stelle beschränkt ist, sie kann nicht „mitgehen". Daher soll Damka nun das Apportieren erlernen, denn bei dieser Beschäftigungsform bringt der Hund einen weggeworfenen Gegenstand wieder zum Menschen zurück: ideal für Frau Dufrenne.

Geistige und körperliche Beschäftigung

Jeder Hund kann apportieren, hat doch schon jeder Welpe irgendwann einmal etwas durch die Wohnung getragen. Es ist für Hunde natürlich, eine Beute in den Fang zu nehmen und

Damka zeigt deutlich, wem der Futterbeutel ihrer Meinung nach gehört. Demonstrativ legt sie besitzergreifend eine Pfote darauf.

zu einem Ort zu tragen. Dieses natürliche Verhalten kann man nun in ein sinnvolles Apportiertraining umlenken, jedoch natürlich immer rassespezifisch bzw. auf die persönlichen Eigenschaften und Fähigkeiten des Hundes angepasst.

Apportiertraining kann die Beziehung zwischen Mensch und Hund enorm fördern. Es geht auf die natürlichen Veranlagungen und Bedürfnisse des Hundes ein. So wie jede Jagd anders verläuft, können auch wir Apportiertraining unendlich variabel gestalten, so dass der Hund sein ganzes Leben lang sinnvoll geistig und körperlich beschäftigt werden kann.

Apportieren an langer Leine
Auf jeden Fall sollte man jeden Hund, der das erste Mal apportiert, zur Sicherheit an eine Schleppleine nehmen. Viele Hunde entscheiden sich zu Beginn, die Beute nicht zurückzubringen, sondern vergnügt damit umherzuflitzen. Damit dieses Verhalten kein Ritual wird und wir machtlos hinterherrufen müssen, nutzen Sie zu Beginn die Schleppleine, so dass Ihr Hund sich nicht unkontrollierbar entfernen kann.

Hat Ihr Hund mit seinem Verhalten Erfolg, wird er sich angewöhnen, die Beute immer in „Sicherheit" zu bringen. Locken Sie ihn also sofort zu sich (langsames Einholen der Schleppleine) oder gehen entspannt zu ihm hin und nehmen ihm die

> **Wichtig**
>
> **Sicherheit beachten**
>
> Aus verletzungsprophylaktischen Gründen sollten Hunde, die an der Schleppleine geführt werden, immer ein Brustgeschirr tragen. Es kann zu erheblichen Verletzungen kommen, wenn ein Hund mit Halsband in hohem Tempo in die Leine rennt. Sicher ist dies bei einem tendenziell eher ruhigen Hund nicht so wahrscheinlich, wie bei einem quirligen.
> Bitte tragen Sie zu Ihrem eigenen Schutz (auch im Hochsommer) beim Schleppleinentraining Handschuhe. Der noch so kleinste Hund entwickelt zuweilen eine solche Kraft und starke Dynamik, dass es zu schweren Verletzungen kommen kann, wenn Ihnen die Leine durch die Hände rutscht.

Beute weg. Starten Sie danach das Beutespiel erneut. Wäre der Hund in dieser Situation nicht angeleint, könnte das Zurückholen der Beute schon im Haus zu einem Hin und Her werden. Besonders für Frau Dufrenne ist die Schleppleine wichtig, da sie ja nicht einfach einen schnellen Schritt nach vorne machen kann. Allerdings darf die Schleppleine niemals am Rollstuhl befestigt werden. Ideal ist hier ein fester Gegenstand wie ein Pfosten oder Ähnliches, der sich direkt hinter dem Rollstuhl befindet.

Damka hat viel Spaß am Apportiertraining, sie fordert Frau Dufrenne mit der Vorderkörpertiefstellung zum Spiel auf.

Damka hat Freude am Spiel

Obwohl Damka beim Training der Grundsignale gern Leckerchen annimmt, interessiert sie das Apportierspiel mit dem Futterbeutel nicht besonders. Sie hat viel mehr Spaß an einem actionreichen Tobespiel mit Gegenständen, die lustig hin und herhüpfen. Nachdem sie Martin Rütter den Futterbeutel zurückgebracht hat, wartet sie nicht aufgeregt auf das Futter, sondern nimmt die Vorderkörpertiefstellung ein. Sie fordert ihn somit aktiv auf, das Spiel nun doch endlich weiter fortzuführen.

Ausgeben der Beute

Wenn Damka den Gegenstand zurückbringt, möchte sie ihn nur ungern abgeben. Sie möchte gerne ein Zerrspiel machen und um die Beute streiten. Auf einen solchen Streit sollten sich die Menschen aber auf keinen Fall einlassen, daher sind Zerrspiele tabu! Stattdessen trainiert Frau Dufrenne mit Damka, dass sie einen Gegenstand auf das Signal „Aus" direkt hergibt. „Aus" soll für den Hund bedeuten: „Spuck das, was du gerade

Info

Die richtige Motivation ist entscheidend

Je spannender der Apportiergegenstand für den Hund erscheint, desto schneller wird er auch das Apportieren lernen. Es gibt unzählig viele Gegenstände im Handel. Ich habe die Erfahrung gemacht, dass Gegenstände, die nicht gleichmäßig aufspringen, wenn sie landen, für die meisten Hunde sehr schnell interessant werden, da sie ähnliche Bewegungseigenschaften zeigen wie Kleintiere, die im Zickzack dynamisch flüchten. Dies löst bei vielen Hunden einen natürlichen Beutetrieb aus, der schnell zu einer Hatz wird. Andere Hunde wiederum interessieren sich mehr für Futter, hier bietet sich zum Beispiel das Training mit einem Futterbeutel an.
Eine Form der Belohnung kann somit ein „Tauschgeschäft" Futter gegen Apportiergegenstand sein. Eine andere ist, dass der Hund dem Gegenstand ein zweites Mal wild und ausgelassen hinterherrennen darf. Denn wie schon erwähnt, ist die Hatz als solche für viele Hunde Belohnung genug.

Training 69

Auch auf das Spielangebot von Martin Rütter geht Damka begeistert ein.

in der Schnauze hast, sofort aus", bzw. „Gib mir das, was du gerade in der Schnauze hast, sofort her". Aus Sicht des Hundes ist das im ersten Schritt gänzlich unlogisch und sinnlos. Warum sollte man etwas Spannendes wieder rausrücken? Also braucht es einen Grund, das herzugeben, was man gerade erobert hat. Und da bietet sich ein Tauschgeschäft an.

Das Tauschgeschäft
Der Hund bekommt zunächst ein Spielzeug, das ihn zwar interessiert, jedoch nicht gerade sein absolutes Tageshighlight darstellt. Nachdem er sich nun eine kurze Phase von ca. einer Minute damit beschäftigt hat, kann das Tauschgeschäft beginnen. Sagen Sie ruhig und keinesfalls bedrohlich oder schroff, denn das würde nur unnötig Anspannung in die Situation bringen, zu Ihrem Hund „Aus". Noch bevor er aktiv eine Entscheidung treffen kann, halten Sie ihm schon etwas viel Spannenderes oder Schmackhafteres vor die Nase. Lässt er das Spielzeug nun los, wird er verbal gelobt und darf das Futterstück fressen bzw. das spannendere Spielzeug haben. Wie immer, steigern Sie die Reize nun in angemessenen Teilschritten, so dass es für Ihren Hund vollkommen normal wird, „Beute" wieder auszulassen. Diese Tauschgeschäfte sollten von Beginn an im Zusammenleben mit dem Hund stattfinden. Ganz gleich, ob Welpe oder erwachsener Hund, denn das entspannt die Situation im Wettstreit um die Ressource „Beute" ungemein.

Damka – Ein Welpe zieht ein

Vor dem Leinenführtraining mit Damka übt der Hundeprofi selbst das Handling des Rollstuhls.

Martin Rütter erklärt Frau Dufrenne die Handhabung der Leine am Rollstuhl.

Training 71

Der Hundeprofi zeigt den Dufrennes das Handling Ihres Hundes vom Rollstuhl aus.

Leinenführigkeit am Rollstuhl

Das letzte Grundsignal, das Damka erlernen muss, ist die Leinenführigkeit am Rollstuhl. Damka darf Frau Dufrenne nicht durch die Gegend ziehen, da dies gefährlich für beide werden könnte. Der Hund darf bei der Leinenführigkeit am Rollstuhl mit seiner Schnauze maximal auf Höhe der Radachse sein. Wäre er weiter vorne, hätte man keinen Einfluss mehr auf ihn, man kann ihm keine Richtung mehr weisen, denn er würde dann vor den Rollstuhl springen. Damka muss also lernen, dass die Zone vor dem Rollstuhl tabu ist. Befindet sie sich nun also beim Training links neben dem Rollstuhl auf der richtigen Höhe, wird sie gelobt und bekommt Leckerchen. Geht sie zu weit vor, wechselt Frau Dufrenne die Richtung, indem sie einfach von ihr wegfährt oder sogar auch auf sie zu fährt. Dabei darf der Rollstuhl Damka ruhig auch einmal leicht berühren, so lernt sie Respekt vor ihm. Die Leine darf hierbei nie am Rollstuhl befestigt werden, da dies bei einem plötzlichen Ausbruch des Hundes gefährlich für den Menschen werden kann. Damka sollte bei diesem Training eine feste Seite zugewiesen bekommen. Klappt das Leinenführtraining am Rollstuhl gut, kann man es auch mit beiden Hunden gleichzeitig durchführen. Hierfür sollte jeder der Hunde eine feste Seite zugewiesen bekommen.

1) Frau Dufrenne spricht Damka an: Es geht los.
2) Damka ist noch unsicher, was sie machen soll.
3) Bald geht sie ruhig neben dem Rollstuhl her.
4) Frau Dufrenne belohnt Damka für das ruhige Gehen.
5) Martin Rütter ist zufrieden mit den ersten Schritten.

Für Damka gibt es noch viel zu lernen.

Leinenführigkeit mit zwei Hunden

Wichtig ist, dass wir den Hunden von Anfang an festgelegte Seiten zuordnen. Diese können auch mit Signalen besetzt sein, zum Beispiel „Rechts" und „Links". Nehmen wir beide Hunde auf eine Seite, können diese bestens miteinander kommunizieren. Dann wird es sehr schwierig, ihnen klarzumachen, dass wir der Orientierungspunkt sind. Außerdem kann man die Hunde auch besser korrigieren. Denn wenn Hund A vorläuft und Hund B brav neben uns ist, können wir B loben, während wir A ignorieren. Dann gehen wir so weiter, dass Hund A einen Richtungswechsel machen muss. Es sollte immer derjenige Hund Lob und Fürsprache erhalten, der sich auf uns einlässt, sich an uns orientiert und schön entspannt hinter oder neben uns läuft. Er sollte die meiste Aufmerksamkeit bekommen. Dem anderen wird der Weg abgeschnitten und er wird in seiner Bewegung eingeschränkt.

Vor Familie Dufrenne liegt noch viel Arbeit, denn die Erziehung eines Welpen braucht vor allem eines: Zeit! Das Familienleben ist jedoch wieder entspannt, die beiden Hündinnen liegen jetzt sogar manchmal nebeneinander. Sie schlecken gemeinsam einen Napf aus und es gibt keinen Streit, wenn beide ein Leckerchen bekommen. Yule hat Damka nun klar zu verstehen gegeben, dass sie sich an ihre Regeln halten muss, so dass beide Hunde gut miteinander auskommen.

Dana und Strolchi – Zwei Hunde finden wieder zueinander

Vorgeschichte – Rüde trifft Hündin

Eigentlich könnte alles so schön sein: Ein großes Haus, ein Garten und ein Wiesengrundstück nebenan. Platz genug, damit zwei Hunde hier miteinander toben und leben können. Dies dachte auch Familie Schrötgens, als sie sich vor einem Jahr entschloss, einen zweiten Hund ins Haus zu holen. Denn Strolchi, der vier Jahre alte Jack Russell Terrier der Familie, wurde zwar von allen geliebt und umsorgt, er sollte jedoch in den Genuss einer Hundefreundschaft kommen. Gibt es etwas Schöneres, als wenn zwei Hunde im wilden Spiel miteinander toben und anschließend gemeinsam eng aneinandergekuschelt in einem Körbchen liegen?

So kam es, dass Dana, eine Deutsch Drahthaar Hündin, bei der Familie einzog. Familie Schrötgens entschied sich für eine Hündin, da das Zusammenleben von Rüde und Hündin laut Ratschlag vieler Bekannter meist unproblematisch ist. Und da Strolchi bereits mit einem Jahr kastriert wurde, weil seine

Info

Kryptorchismus

Zum Zeitpunkt der Embryonalentwicklung eines Rüden bilden sich die Hoden im Bauchraum in der Nähe der Nieren aus. Die Hoden wandern nun durch den Leistenkanal in den Hodensack, dieser sogenannte Hodenabstieg dauert je nach Rasse und individueller Veranlagung etwa bis zur achten Lebenswoche. Bis zum Zeitpunkt der Geschlechtsreife können die Hoden auch spontan in den Leistenkanal zurückgezogen werden. Beim Kryptorchismus verbleiben die Hoden im Bauchraum, es gibt auch Fälle, in denen nur ein Hoden den Abstieg schafft.

Die Folgen von Kryptorchismus können schwerwiegend sein. Durch die höhere Temperatur im Bauchraum neigen die Hoden zur Entartung, das Risiko für Hodenkrebs liegt um ein Vielfaches höher als bei abgestiegenen Hoden. Betroffene Rüden sollten aus der Zucht ausgeschlossen werden, da sie dieses Merkmal vermutlich auch weitervererben.

In der Regel wird mit Abschluss der körperlichen Entwicklung eine Entfernung der innen liegenden Hoden vorgenommen, die auch verhaltenspsychologisch Sinn macht. Durch die erhöhte Temperatur kann es zu vermehrter Testosteronbildung kommen, weshalb diese Rüden dann häufig sexuell aktiver sind und zu Verhaltensproblemen neigen können.

Dana – auch ein aktiver Hund braucht einmal eine Pause.

Hoden in der Bauchhöhle lagen (siehe Info) und er zu stark sexuellem Verhalten neigte, würde es auch zu Zeiten der Läufigkeit keine Probleme mit unerwünschtem Nachwuchs geben. Dass es Probleme aufgrund der Größenunterschiede geben könnte, darüber machte sich die Familie keine Gedanken.

Kontakt zu anderen Hunden

Leider war Dana als Welpe sehr krank, sie musste eine schwere Operation über sich ergehen lassen, deren Ausgang fraglich war. Dana hat inzwischen alles gut überstanden und sich zu einer gesunden, 14 Monate alten Hündin entwickelt, die nun auch erwachsen geworden ist: Ihre erste Läufigkeit hat sie gerade hinter sich. Vermutlich durch die fehlenden Erfahrungen in der Welpen- und Junghundezeit kommt Dana draußen mit anderen Hunden nicht so gut klar. Sie zerrt dann an der Leine und bellt, so dass ein Spaziergang nicht wirklich Spaß macht. Daher beschränkt sich der Sozialkontakt zu Artgenossen momentan für sie auf Strolchi, die beiden toben gerne wild miteinander und rennen in hohem Tempo auf dem großen Wiesengrundstück herum.

Strolchi – der kleine Charmeur.

Problem – Ein Verehrer wird abgewehrt

Leider hat es vor kurzem zwischen beiden Hunden eine heftige Auseinandersetzung gegeben. Dana war gerade in der Zeit ihrer Läufigkeit. Da Strolchi auch nach der Kastration weiterhin sexuell interessiert ist, schnuppert er gerne vor allem während der Läufigkeit an ihrem Genitalbereich. Dana findet dieses Verhalten jedoch lästig und zeigt dies dem kleinen Rüden auch deutlich durch Knurren und Abschnappen. Strolchi jedoch, ganz Terrier, lässt sich davon nicht beeindrucken. Das war dann irgendwann einmal für Dana zu viel. Sie packte sich den kleinen Rüden und verletzte ihn dabei massiv. Strolchis Wunden waren so tief, dass sie vom Tierarzt genäht werden mussten.

Trennung aus Angst vor weiteren Angriffen

Seitdem ist die ganze Familie in Sorge, Dana könnte den kleinen Hund wieder verletzen. Da er ihr gegenüber körperlich keine Chance hat, befürchten sie sogar, dass es beim nächsten Mal noch schlimmer ausgehen könnte. Daher werden beide Hunde seitdem getrennt gehalten. Dieser Zustand kann jedoch nicht auf Dauer so bleiben, denn ständig muss man sich vergewissern, dass die Hunde sich in ihrem jeweiligen Raum befinden und keiner vergessen hat, eine Tür richtig zu schließen. Ein solches Leben ist sowohl für die Menschen als auch für die Hunde unzumutbar. Wenn sich hier nicht bald etwas ändert, muss Familie Schrötgens vielleicht sogar darüber nachdenken, sich von einem der beiden Hunde zu trennen.

Strolchi begrüßt Martin Rütter.

Dana außer Rand und Band

Zudem wird das Leben mit Dana immer schwieriger. Sie ist ein sehr aktiver Hund, der von den Menschen kaum noch gebändigt werden kann. Zuhause geht sie über Tisch und Bänke, sie springt vom Sofa auf den Wohnzimmertisch, um zu schauen, ob es dort interessante Dinge gibt. Frau Schrötgens kann inzwischen keine Dekoration mehr stehen lassen, da alle liebevoll gestalteten Arrangements von Dana zerstört und in ihre Einzelteile zerlegt werden. So wirkt das Wohnzimmer relativ nüchtern, denn Gestecke, Decken oder sonstige Kleinigkeiten werden nur für Besuch herausgeholt und dann wieder sicher verwahrt.

Martin Rütter zu Besuch

Beim ersten Besuch von Martin Rütter schaut sich der Hundeprofi lediglich die Hunde einzeln an und erfährt ihre Vorgeschichte. Um zu beurteilen, ob die Hunde ein dauerhaftes Problem miteinander haben oder ob man sie wieder aneinander gewöhnen kann, muss er sie beide im Umgang miteinander erleben. Denn nur anhand ihrer Körpersprache lässt sich erkennen, ob es sich lediglich um eine etwas heftige Korrektur gehandelt hat, die zu der unglücklichen Verletzung von Strolchi führte, oder aber ob Dana Strolchi bewusst verletzen wollte und ihn nicht mehr in ihrer Nähe haben will. Diese Einschätzung ist jedoch zur Zeit nicht möglich, denn die Gefahr, dass Strolchi erneut verletzt wird, ist einfach zu groß. Aus diesem Grund wird Dana im ersten Schritt an einen Maulkorb gewöhnt. So kann sie bei einem Zusammentreffen mit Strolchi diesem keine Verletzung zufügen. Frau Schrötgens findet die Vorstellung, dass Dana nun mit einem Maulkorb herumlaufen soll, furchtbar, sieht jedoch die Notwendigkeit für diese Vorsorgemaßnahme ein.

Wichtig

Sicherheit

Führt man einen Test durch, um das Verhalten eines oder auch mehrerer Hunde einzuschätzen, steht die Sicherheit aller Beteiligten immer im Vordergrund. Bei einem Test darf niemals eine Verletzung der am Test beteiligten Menschen und Hunde riskiert werden.

Dana tobt gerne durch das ganze Wohnzimmer und springt dabei von Couch zu Couch.

Der Hundeprofi erklärt Frau Schrötgens, wie sie Dana an den Maulkorb gewöhnt.

 Info

Der richtige Maulkorb

Wenn man einen Hund sorgfältig an einen Maulkorb gewöhnt, ist dieser für den Hund genauso normal und selbstverständlich wie zum Beispiel ein Halsband oder ein Geschirr. Dabei ist es allerdings wichtig, dass man einen Maulkorb verwendet, der dem Hund genügend Bewegungsfreiheit bietet, damit er in der Lage ist, ungestört zu hecheln und zu trinken. Er muss jedoch so angepasst werden, dass er nicht von der Nase gezogen werden kann! Geeignet sind zum Beispiel Korbmaulkörbe aus Stahl, Plastik oder Leder. Sie bieten zudem den Vorteil, dass man dem Hund Futterstücke hindurchstecken kann. Ein Nylonmaulkorb, der das Maul des Hundes fest umschließt, ist immer nur als Notlösung für den kurzfristigen Einsatz geeignet.

Gewöhnung an den Maulkorb

Die Gewöhnung an den Maulkorb muss in kleinen Schritten erfolgen. Am besten trainiert man mit kleinen Futterstücken, die der Hund gerne mag. Zunächst einmal lässt man ihn am Maulkorb schnüffeln und belohnt ihn dafür mit einem Futterstück. Dann legt man ein Futterstück in den Maulkorb und lässt es den Hund herausholen. Zeigt er dabei keine Angst, kann man ihm durch den Korb weitere Futterstücke zustecken. In einem nächsten Schritt schließt man nun die Schnalle des Maulkorbes. Der Hund bekommt wieder eine Belohnung und der Maulkorb wird sofort danach wieder geöffnet und abgenommen. Nach einigen Wiederholungen bleibt der Maulkorb für einen immer längeren Zeitraum geschlossen, der Hund muss in dieser Zeit aber beschäftigt werden. Man kann nun dazu übergehen, kleinere Übungen wie zum Beispiel „Sitz" oder „Gib Pfötchen" durchzuführen. Über die Beschäftigung vergisst der Hund den Maulkorb und das ungewohnte Gefühl normalisiert sich. Bald verkündet der Maulkorb sogar etwas Angenehmes, der Hund weiß, dass nun eine spannende Trainingseinheit beginnt. Später kann man den Hund dann auch auf dem Spaziergang mit dem Maulkorb führen. Die Gewöhnung ist bei regelmäßigem Training innerhalb von ein bis zwei Wochen durchführbar.

Frau Schrötgens übt mit Dana das Anlegen des Maulkorbes.

Zusammentreffen beider Hunde

Beim zweiten Besuch von Martin Rütter ist Dana sehr gut an den Maulkorb gewöhnt. Nun wird es spannend, beide Hunde werden ins Wohnzimmer gelassen. Frau Schrötgens ist ziemlich aufgeregt, aber sie fühlt sich dank des Maulkorbes doch sicher. Die beiden Hunde begrüßen sich aufgeregt wedelnd und fangen direkt ein wildes Spiel miteinander an. Das Spiel wird immer rauer, keiner der beiden lässt sich hier etwas nehmen. Strolchi stupst Dana mit der Pfote ins Gesicht, woraufhin diese ihn mit der Schulter anrempelt, so dass er zu Boden geht. Doch schon folgt die Abwehr, Strolchi reitet auf Dana auf, beide Hunde kugeln miteinander über den Boden. Dabei wird laut geknurrt und beide Hunde reißen ihr Maul weit auf.

Frau Schrötgens ist beim ersten Kontakt der beiden Hunde sehr nervös.

Martin Rütter zu Besuch 83

1) Dana und Strolchi nehmen nach langer Zeit wieder Kontakt miteinander auf.
2) Die beiden Hunde beginnen sofort ein gemeinsames Tobespiel.
3) Das Spiel der beiden Hunde ist sehr rau.
4) Strolchi hat keine Angst vor Dana, er spielt begeistert mit!
5) Dana möchte Strolchi nicht verletzen, sie legt sich im Spiel sogar hin.

Dana und Strolchi – Zwei Hunde finden wieder zueinander

Analyse– Grobes Spiel mit Folgen

Beide Hunde gehen im Spiel sehr rau und grob miteinander um, dieses Verhalten ist aber rassetypisch. Denn sowohl der Jack Russell Terrier als auch der Deutsch Drahthaar sind Rassen, die für den jagdlichen Einsatz gezüchtet wurden und so eine gewisse Härte mit sich bringen müssen. Ein Jagdhund darf nicht empfindlich sein, denn er muss zum Beispiel auch durch Dornen und Gebüsch dem Wild hinterherlaufen. Die Hunde haben daher kein grundlegendes Problem miteinander, keiner möchte den anderen bewusst verletzen oder sogar töten. Man wird sie wieder aneinandergewöhnen können, eine dauerhafte Trennung ist nicht nötig.

Das Verhalten der Menschen nach diesem Vorfall hat die Hunde jedoch zusätzlich verunsichert, weshalb Dana den Maulkorb auch weiterhin bei Begegnungen der beiden Hunde tragen soll.

Dana hat Spaß am Apportiertraining.

In diesem Fall dient er den Menschen, damit diese bei der Begegnung Sicherheit ausstrahlen und keine Unsicherheit auf die Hunde bei der neuen Kontaktsituation übertragen. Erst wenn Frau Schrötgens sich sicher ist, dass nichts passieren wird, dürfen beide Hunde auch wieder ohne Maulkorb zusammen sein.

Mehr Beschäftigung für Dana

Zudem ist Dana einfach ein junger und vor allem unterbeschäftigter Hund. Als Jagdhund wurde sie für die Zusammenarbeit mit dem Menschen gezüchtet, und so braucht sie dringend geistige Anregungen. Stundenlanges Toben auf der Wiese mit Strolchi lastet sie zwar körperlich aus, reicht ihr jedoch nicht. Da die jagdliche Ausbildung von Dana bedingt durch ihre schwere Krankheit bisher noch nicht begonnen hat, muss in weiteren Trainingseinheiten ein Beschäftigungsprogramm für sie erarbeitet werden.

Dana tobt gerne ausgelassen durch den Garten.

Training – Der Mensch lenkt

Jeder Hund bekommt ab sofort einen eigenen Platz zugewiesen, den er auf Signal des Menschen hin aufsuchen soll. Dort muss er dann bleiben, bis Herr oder Frau Schrötgens das Signal wieder auflösen. So haben sie die Möglichkeit, die Hunde räumlich zu trennen, wenn sich das Spiel wieder einmal zu sehr aufgeschaukelt hat. Am besten eignet sich für das Training ein Körbchen, denn dieses ist für uns Menschen genauer definiert. Der Hund muss vollständig in seinem Korb liegen. Verwendet man lediglich eine Liegedecke, besteht die Gefahr, dass der Hund den Liegebereich weiter ausdehnt, indem er immer wieder ein Stückchen weiter von der Decke rutscht.

Training „Geh auf deinen Platz"

Man führt den Hund zum Körbchen und gibt ihm ein Signal, wie zum Beispiel „Kiste". Dies bedeutet, dass er sich zum Körbchen begeben und dort hinlegen soll. Warten Sie so lange am Körbchen, bis sich Ihr Hund hingelegt hat, dann erst wird er belohnt. Er soll nicht durch ein zweites Signalwort wie zum Beispiel „Platz" eine zweite Möglichkeit haben, ein Lob zu bekommen. Schritt für Schritt dehnt man nun den Zeitraum aus, den der Hund im Körbchen liegen muss, bis er eine Belohnung bekommt. Anfangs reichen fünf Sekunden, dann zehn, später auch mal eine Minute. Danach werden die Zeitabstände immer

Martin Rütter zeigt Frau Schrötgens, wie sie Dana auf ihre Decke schicken kann. Im nächsten Versuch wird auch für Dana ein Korb bereitgestellt.

Training 87

länger und sollten variieren, denn der Hund soll auf Dauer lernen, im Körbchen zu entspannen und nicht aufgeregt auf das nächste Futterstück zu warten. Aber Vorsicht: Vergessen Sie nicht, dass Sie Ihrem Hund ein Signal für das Körbchen gegeben haben. Steht Ihr Hund nämlich einmal auf, ohne dass die Übung von Ihnen beendet wurde, müssen Sie ihn sofort wieder in das Körbchen zurückbringen. Dabei braucht man jedoch nicht mit dem Hund zu schimpfen, jeder macht einmal einen Fehler, die gewählte Zeit war eben einfach noch zu lang. Bringen Sie Ihren Hund ruhig zurück ins Körbchen und belohnen Sie ihn einfach nach einem etwas kürzeren Zeitabschnitt. Er darf jedoch nicht direkt nach dem Zurückbringen belohnt werden, denn dann würde man ihn für eine Korrektur belohnen! Dadurch würde er lernen, dass sich das Aufstehen aus dem Korb lohnt. Ist die Übung beendet, gehen Sie zu ihm hin und holen ihn mit einem Auflösesignal, wie zum Beispiel „Lauf", aus dem Körbchen heraus.

Anfangs stehen Sie bei dieser Übung direkt neben dem Korb. Später können Sie sich auch weiter entfernt im Raum aufhalten oder sogar bewegen. Schicken Sie Ihren Hund aus immer weiteren Entfernungen zum Korb. Für diese Übung benötigen Sie bei regelmäßigem Training etwa vier bis sechs Wochen!

Dieses Training muss Frau Schrötgens nun mit beiden Hunden einzeln durchführen. Erst einmal müssen sie ohne Ablenkung durch den anderen verstehen, was Frau Schrötgens von ihnen will. Später darf sie aber niemals nur einen der beiden auf die

 Tipp

Absicherung

Hat man einen sehr aktiven und unruhigen Hund, wie zum Beispiel den Jack Russell Terrier Strolchi, kann man anfangs auch eine Leine zu Hilfe nehmen. Diese wird einfach an einem fest angebrachten Haken in der Wand hinter dem Körbchen befestigt. Nun kann man den Hund ins Körbchen führen und ihn dort anleinen. So kann er das Körbchen nicht ohne das Auflösesignal des Menschen verlassen.

Decke schicken, sonst bekommt dieser Frust, wenn der andere frei „vor seiner Nase" herumlaufen darf. Dies könnte bei erneutem Freilauf zu einer heftigen Korrektur des anderen führen.

Beenden einer Handlung

Damit die Familie die Hunde nun aber überhaupt aus einem Spiel heraus auf die Decke schicken kann, muss zusätzlich ein Abbruchsignal trainiert werden (siehe Info), aufgrund dessen die beiden Hunde ihr Spiel unterbrechen. Hier darf Frau Schrötgens den Hunden ruhig auch einmal zeigen, dass sie einen solch ruppigen Umgang miteinander nicht wünscht. Auch ein solches Signal sollte vorab in einer anderen, nicht so erregten, Situation aufgebaut werden, denn die Hunde müssen ja zunächst einmal lernen, dass mit diesem Signal ein Verhalten sofort eingestellt werden soll.

Dana und Strolchi finden wieder zusammen

Beim letzten Besuch des Hundeprofis laufen beide Hunde gemeinsam im Haus herum, Dana trägt nicht einmal mehr einen Maulkorb. Sie spielen oft miteinander, Frau Schrötgens achtet aber weiterhin darauf, dass das Spiel nicht zu wild wird. Aber es gibt inzwischen sogar ruhige Momente zwischen den beiden Hunden, manchmal liegen sie sogar in einem Körbchen und kuscheln zärtlich miteinander. Damit Dana noch besser ausgelastet wird, startet der Sohn der Familie nun mehrmals

Dana und Strolchi kuscheln jetzt sogar oft zusammen in einem Körbchen.

Training 89

 Info

Abbruchsignal „Schluss"

„Schluss" hat die Bedeutung: „Hör sofort auf mit dem, was du da gerade tust." Es stellt sozusagen den Abbruch einer Handlung dar, die ansonsten aber durchaus erlaubt, ja sogar erwünscht ist. Zum Beispiel ein gemeinsames Sozialspiel zwischen Mensch und Hund.
Eine Möglichkeit, dem Hund das verständlich zu machen, ist mit der Beendigung des Spiels. Man spielt mit seinem Hund ausgelassen und freudig, und plötzlich mitten im Spiel erfolgt ruhig ausgesprochen das Wort „Schluss". Daraufhin dreht sich der Mensch weg und beteiligt sich ohne Wenn und Aber nicht mehr am Spiel. Das Signal „Schluss" kann jede Art der Handlung, auch alltägliche, beenden. Kaut der Hund zum Beispiel an einem Knochen, können wir diese Handlung mit „Schluss" beenden und den Knochen wegnehmen (natürlich nur bei einem nicht futteraggressiven Hund!). Auch das Training können wir mit dem Signal „Schluss" beenden. Wichtig ist, dass der Hund die Lernerfahrung macht, dass „Schluss" nicht automatisch bedeutet, dass diese Handlung nie mehr stattfinden soll, sondern, dass sie nur gerade jetzt nicht mehr stattfindet. Bei all diesen Handlungen ist „Schluss" zwar Beendigung von etwas Schönem, aber es ist trotzdem keine Korrektur für den Hund. Infolgedessen wird er es keinesfalls als etwas Negatives empfinden.

am Tag mit ihr ein ausgelassenes Apportierspiel. Dummys, Bälle und andere Spielzeuge fliegen durch den Garten und Dana darf ausgelassen hinterherrennen und sie zurückbringen. Hier kann sie einmal so richtig Dampf ablassen, so dass sie auch im Haus viel ruhiger wird.

Frau Schrötgens ist glücklich, dass Dana nun bei ihnen bleiben kann.

Fanny –
Außer Rand und Band

Vorgeschichte – Nach dem Senior ein Welpe

Frau Raff beim Frühstück: Fanny ist immer ganz nah dabei.

Einmal ein Labrador, immer ein Labrador! Nachdem der 14 Jahre alte Labrador Retriever der Familie Raff vor gut zwei Jahren gestorben war, stand für die beiden sofort fest: Es muss wieder ein Labrador ins Haus. Denn schließlich gelten diese Hunde doch als ideale Familienhunde. Dieses Argument war besonders bedeutsam, da seit drei Jahren der kleine Lennart das Leben von Familie Raff teilt und weiterer Nachwuchs nicht ausgeschlossen ist. Ein Züchter in der Nähe war schnell gefunden, und so zog vor anderthalb Jahren die kleine Fanny, eine schwarze Labrador Retriever Hündin, in das Haus der Raffs ein. So ein kleiner Welpe bedeutete natürlich mehr Arbeit, als die Familie es von ihrem alten Labradorrüden gewohnt war, aber darauf hatte man sich schließlich eingestellt. Und die Welpenzeit geht ja auch irgendwann einmal vorbei, der Hund wird erwachsen und vernünftig.

Problem – Ein Labi mit viel Temperament

Fanny war von Anfang an ein sehr temperamentvoller Hund. Und das ist sie auch heute noch. Selbst stundenlange Spaziergänge lasten sie nicht aus, sie geht zu Hause über Tisch und Bänke. Dabei ist nichts vor ihr sicher, alles, was sie erreichen kann, wird geklaut und zerstört. Dabei ist es Fanny egal, ob es sich um das Spielzeug von Lennart handelt oder aber um Fernbedienung und Handy. Fanny bleibt auch nicht alleine, ohne dass sie Dinge zerstört. Da werden Wände angeknabbert, die Tapete heruntergerissen oder das Sofa geschreddert. Besonders anstrengend wurde das Leben in den letzten sechs Monaten, denn seit drei Monaten gibt es weiteren Nachwuchs: Der kleine Paul wurde geboren. Familie Raff hat nun nicht nur Angst, dass die Kosten für die Schäden immer weiter ansteigen, sondern auch, dass Fanny mit ihrem ungestümen Verhalten das Baby verletzen könnte. Denn auch wenn die Familie da ist, springt und tobt Fanny durch das Zimmer. Kommt Besuch, wird dieser angesprungen, abgeleckt und nicht mal für eine Minute in Ruhe gelassen. Bei all dem ist Fanny so wie ein Labrador sein soll: immer freundlich und niemals aggressiv. Jedoch ist das auch kein Argument, wenn sich der Besuch kaum ihrer Zunge erwehren kann und Fanny auf deren Schoß herumhüpft.

Da Fanny inzwischen die Spielregeln akzeptiert und viel dazugelernt hat, darf sie auch wieder mit auf die Couch.

Martin Rütter zu Besuch

Martin Rütter braucht nicht lange, um den Grund für Fannys Verhalten zu erkennen. Sie versucht weder, die Familie zu dominieren, noch zeigt sie den Kindern gegenüber dominantes Verhalten. Daher bringen auch Ratschläge, wie den Hund nicht mehr auf das Sofa zu lassen, die man der Familie gegeben hat, hier gar nichts. Fanny darf gerne mit der Familie zusammen auf dem Sofa kuscheln, aber sie braucht Beschäftigung! Dabei hat Frau Raff doch alles getan, damit Fanny zu einem gut erzogenen Hund wird. Sie war mit ihr in der Welpenschule und im Erziehungskurs, und auch jetzt lässt sie Fanny auf den Spaziergängen Leckerchen suchen, damit sie beschäftigt ist. Der Hundeprofi ist nun Rettung in letzter Not – wenn Fanny ihr Verhalten nicht ändert, kann sie nicht bei der Familie bleiben. Denn wie soll das erst werden, wenn Paul anfängt zu krabbeln? Die Gefahr, dass dem Baby etwas passiert, ist einfach viel zu groß.

Analyse – Mehr Abwechslung für Fanny

Ein Labrador Retriever ist vom Ursprung her ein Jagdhund, der dementsprechend viel Temperament und Ausdauer mit sich bringt. Ein solcher Hund ist durch einen mehrstündigen Spaziergang nicht ausgelastet, er braucht geistige und körperliche Beschäftigung. Fanny muss durch ein gezieltes Apportiertraining sowie durch Nasenarbeit ausgelastet werden, also Beschäftigungsformen, für die sie ursprünglich einmal gezüchtet wurde. Erst dann wird sie im Haus ruhiger werden. Zudem muss Fanny lernen, entspannt auf ihrem Platz zu liegen, wenn die Kinder herumlaufen.

Daher sollte das Kinderzimmer für Hunde immer tabu sein. Im Umkehrschluss bringt man einem Kind als Erstes bei, dass die Liegeplätze des Hundes tabu sind. Dennoch kann man einen unglücklichen Zwischenfall nur vermeiden, wenn man Kind und Hund niemals alleine lässt. Es muss immer ein Erwachsener anwesend sein, der im Notfall eingreifen kann. Oftmals hilft es hier, den Hund an eine Box zu gewöhnen. Diese Box ist für ihn eine sichere Höhle, in die er sich zurückziehen kann, und der Mensch kann sich sicher sein, dass der Hund für eine kurze Zeit auch wirklich auf seiner Stelle liegen bleibt.

> **Info**
>
> **Kind und Hund**
>
> Das Zusammenleben von Kind und Hund kann schnell problematisch werden, wenn man sich nicht an einige Regeln hält. Ein Hund sieht ein Kind als „Welpen" und höchstens als Spielgefährten an. Wird das Kind aus Sicht des Hundes frech, kann es sein, dass der Hund erzieherische Maßnahmen ergreift, indem er das Kind zum Beispiel durch einen Schnauzgriff korrigiert. Dies kann natürlich fatale Folgen haben.

Fanny ist ganz aufgeregt, als das Apportierspiel beginnen soll.

Training – Apportieren, Reizangel & Fährte

Apportieren – die Leidenschaft der Retriever

Fanny muss zunächst einmal lernen, einen Gegenstand sicher zurückzubringen. Im Moment findet sie Bälle zwar sehr lustig und rennt hinterher, wenn diese geworfen werden. Hat sie den Ball jedoch im Maul, läuft sie damit herum und dreht große Runden um Frauchen. Sie denkt gar nicht daran, mit der Beute zurückzukommen, Beute gehört ihr! Irgendwann findet sie den Ball dann nicht mehr spannend und lässt ihn liegen, so dass Frau Raff ihn einsammeln kann. Fanny bestimmt somit den Verlauf des Spiels.

Sie soll nun jedoch lernen, sich durch das Apportiertraining an Frau Raff zu orientieren. Hat Fanny gelernt, Gegenstände zurückzubringen, kann Frau Raff dieses Verhalten auch nutzen, wenn Fanny doch noch einmal einen Gegenstand geklaut hat. Sie gibt ihr einfach das trainierte Signal und lässt sich diesen bringen.

Absicherung durch die Schleppleine

Das Training wird genauso begonnen wie mit einem Welpen – zunächst einmal an der Schleppleine. Der Hund sollte dabei ein Geschirr und der Mensch Handschuhe tragen, damit es nicht zu Verletzungen kommt. Hat Fanny den Ball aufgenommen, lockt Frau Raff sie in freundlichem Ton zu sich und verkürzt dabei die Leine. Für das Abgeben des Balles bekommt Fanny dann ein Leckerchen. Sobald Fanny diese Übung verstanden hat, muss man das Training variieren, da es sonst schnell zu langweilig wird. Man kann zum Beispiel die Grundsignale mit in das Training einbauen, oder aber auch mehrere Apportiergegenstände verwenden.

Trainingsvarianten

1. So lernt Fanny als Nächstes, dass sie sitzen bleiben muss, während Frau Raff weggeht und den Gegenstand wirft. Fanny darf erst loslaufen, wenn Frau Raff zu ihr zurückgekommen ist und ihr das Signal „Bring" gegeben hat.
2. In der nächsten Übung entfernt sich Frau Raff von Fanny, wirft den Gegenstand aus, und schickt Fanny dann von dort aus zum Apportieren.
3. Führt Fanny diese beiden Übungen zuverlässig durch, kann Frau Raff noch weitere Signale in das Training mit einbauen. So kann sie Fanny erst das Signal „Down" geben, bevor diese den Gegenstand apportieren darf.
4. Als weitere Variante kann Frau Raff Fanny zunächst zu sich rufen, bevor sie ihr dann das Signal zum Apportieren gibt.
5. Kommt Fanny zuverlässig erst zu Frau Raff und ignoriert den Gegenstand, kann das Abrufen noch schwieriger gestaltet werden, indem Fanny erst zum Gegenstand geschickt und dann auf halber Strecke wieder abgerufen wird.
6. Eine weitere Steigerung der Schwierigkeit erfolgt durch das Verwenden mehrerer Gegenstände. Frau Raff wirft erst noch einen zweiten Gegenstand in eine andere Richtung, bevor sie Fanny einen nach dem anderen apportieren lässt.

Diese Übungen beanspruchen Fanny geistig, sie muss nun aufpassen, welches Signal Frau Raff gibt, damit sie die richtige Übung durchführt und ihre Belohnung bekommt. Damit Fanny auch körperlich so richtig Dampf ablassen kann, startet Martin Rütter in einem nächsten Schritt ein Reizangeltraining.

Fanny apportiert mit Begeisterung alles, was Frau Raff wirft, auch ein sogenanntes „Dummy".

Training 97

Fanny lernt das Spiel mit der Reizangel kennen.

Reizangel – ein Erziehungsspiel mit vielen Vorteilen

Die Reizangel ist eine tolle Sache für Hunde, die sehr agil sind, gerne hetzen und körperlich gesund sind (keine Probleme mit den Gelenken haben). Als Reizangel kann man eine alte, maximal auf zwei Meter abgesägte Angel nutzen. An die Öse an der Spitze der Angel kommt ein dicker Faden / eine Schleppleine mit einer Länge von ca. zwei Metern. An das Ende der Leine wird der zu hetzende Gegenstand geknotet. Eine Angel liegt sehr gut in der Hand und ist deswegen gut geeignet. Sie können aber auch einen alten Besenstiel nehmen.

Lassen Sie Ihren Hund nun sitzen und werfen Sie, wie er es vom Apportiertraining her kennt, die Beute aus. Dann schicken Sie ihn mit Ihrem Apportier-Signal los, den Gegenstand zu bringen. Wenn Ihr Hund kurz vor der Beute angekommen ist, bewegen Sie die Angel, so dass sich die Beute ein kurzes Stück vom Hund entfernt.

Langsam beginnen

Bei den ersten Versuchen ist es wichtig, dass Sie sehr vorsichtig vorgehen. Schon oft habe ich erlebt, dass die Hunde stark verunsichert sind, wenn der Apportier-Gegenstand plötzlich zum

Wichtig

Der Mensch sollte die Beute nie in Richtung des Hundes „spielen". Die Beutemotivation wird ausgelöst, indem die Beute sich entfernt. Kein Beutetier würde auf den Hund zurennen. Infolgedessen verunsichert das manche Hunde oder löst schlichtweg nicht das Reiz-Reaktions-Schema aus, das wir ja haben möchten.

Leben erwacht. Deswegen soll der Gegenstand nur ein paar Zentimeter weggezogen werden, wenn der Hund ihn packen will, er darf ihn sofort bekommen und Ihnen bringen. Nun können Sie Schritt für Schritt die Schwierigkeit steigern, damit der Hund den Gegenstand wirklich hetzen muss, bis er ihn packen und apportieren kann.

Trainingsvarianten

Klappt das, kann man auch hier wieder Varianten einbauen. Der Hund muss zum Beispiel erst noch eine Zeit lang warten und zuschauen, wie der Gegenstand durch die Gegend flitzt, bevor er das Signal zum Hetzen bekommt. Man kann den Hund auch während des Hetzens abrufen oder ins „Down" legen, was vielen Hunden zu Beginn sehr schwer fällt, da sie nun natürlich vollkommen in ihrem Element sind. Trainieren Sie diese Variante daher anfangs, wenn der Hund gerade nicht so intensiv dem Gegenstand hinterherrennt und sich zudem nicht direkt dahinter befindet. Je besser das klappt, desto mehr und schneller können Sie den Hund hetzen lassen, bevor Sie ihn abrufen. Es macht viel Spaß, aber es ist auch eine Herausforderung an das Mensch-Hund-Team. Lässt der Hund sich während des Hetzens ablegen oder abrufen, wird das eine echte Hilfe in Alltagssituationen sein, die der Hund als starke Ablenkung empfindet.

Eine weitere Möglichkeit, Fanny auszulasten, ist intensive Nasenarbeit. Hier bietet sich ein Fährtentraining an, das man auch dort gut durchführen kann, wo man den Hund nicht ableinen darf.

Mit viel Action hetzt Fanny dem Ball an der Reizangel hinterher.

Fährten – der Spur folgen

Beim Fährtentraining legt man zunächst einmal eine Spur mit gut riechenden Leckerchen, wie zum Beispiel Fleischwurst. Dabei tritt man besonders deutlich auf, damit der Hund neben der Fleischwurstspur auch die Spur der Fußtritte verfolgen lernt. Der Hund darf beim Auslegen der Fährte aber nicht zuschauen, sonst würde er abkürzen und direkt zum Ende laufen. Am Ende liegt dann nämlich zum Beispiel ein besonderes Leckerchen.

Für den Anfang eignet sich eine kurze, aber nicht frisch gemähte Wiese sowie leicht feuchtes Wetter! Die erste Fährte darf nicht zu lang, aber auch nicht zu kurz sein, denn die Hunde brauchen immer auch einige Zeit, um sich auf die Spur einzulassen. Eine Gerade von etwa 80 bis 100 Meter ist dabei optimal. Später kann man auch Winkel und Bögen einbauen.

Der Hund wird nun an den Startpunkt der Fährte gesetzt, die deutlich mit einem Markierstab und besonders vielen Leckerchen gekennzeichnet ist. Er trägt dabei ein Geschirr und wird an der Schleppleine geführt. Der Mensch zeigt auf die Fährte und schickt den Hund zum Suchen. Anfangs bleibt er noch direkt hinter dem Hund, später kann er auch mal fünf bis zehn Meter hinter ihm bleiben. Der Hund sucht nun Schritt für Schritt

Frau Raff zeigt Fanny ihre erste Fährte.

Tipp

Fährtenspur

Manche Hunde überlaufen viele Leckerchen und fühlen sich durch das ständige Aufnehmen der Leckerchen gestört. Diese Hunde haben das Prinzip der Suche bereits verstanden, hier kann man als Hilfe auch einfach „Leberwurstwasser" nehmen. Man löst einen Löffel Leberwurst in warmem Wasser auf und verspritzt dieses beim Legen der Fährte. Der Hund hat nun den tollen Fleischgeruch in der Nase und kann ihn verfolgen, wird aber nicht durch die ständige Futteraufnahme gestört.

die Fährte ab, wird er unsicher, hilft ihm der Mensch und zeigt ihm den Verlauf der Fährte.
Beim Fährtentraining zeigt sich, dass dieses Verhalten für Hunde sehr natürlich ist, denn in der Regel hat ein Hund bereits beim zweiten oder dritten Mal verstanden, was von ihm verlangt wird. Auch wenn der Hund lediglich ein paar Minuten für das Absuchen der Fährte benötigt, ist er danach erschöpfter als nach einem stundenlangen Spaziergang.

Fanny setzt sofort ihre Nase ein und beginnt die Fährte abzusuchen.

Vorgeschichte – Nachwuchs kündigt sich an

Elke Miebach lebt mit ihrem Sohn und dem fünfjährigen West-Highland-Rüden Charly mitten in Olpe. Besucht wird das dreiköpfige Rudel häufig von Frau Miebachs Tochter Sabrina und deren Mann Timo. Bisher verliefen die Besuche immer mehr oder weniger reibungslos, was das Zusammentreffen mit Charly anging. Seine kleineren Macken hatte man sozusagen kennen- und lieben gelernt. Alle Beteiligten arrangierten sich mit der Situation, dass Charly bewegliche Dinge attackiert, sei es den Staubsauger oder den Müllbeutel. Man wusste damit umzugehen bzw. hatte Besuch dementsprechend vorgewarnt, der mit Tüten die Wohnung betrat. Seit Juni letzten Jahres gibt es jedoch Familienzuwachs: Enkeltochter Celine. Und das Baby ist auch der Grund dafür, warum die Hilfe des Hundeprofis gesucht wurde. Jetzt sind sich alle Beteiligten nämlich nicht mehr so sicher, ob Charlys Macken nicht doch zu einem Problem werden könnten.

Problem – Angst um Enkeltochter Celine

Charly beißt mit Vorliebe in „sich bewegende" Objekte. Was beim Staubsauger und bei hinausgetragenen Mülltüten zwar nervig ist, hat beim Maxi-Cosi® einen ganz anderen Beigeschmack. Auf einmal wird die Gefahr sichtbar, die von dem kleinen Hund ausgehen könnte. Und spätestens seit Charly der Enkelin Celine beim Hochspringen die Socke ausgezogen hat, macht sich die gesamte Familie Sorgen, ob er beim nächsten Mal nicht auch ihren Fuß erwischen könnte. Denn die Beziehung zwischen dem kleinen Familienzuwachs und Charly soll auf keinen Fall gefährdet werden. Schließlich möchte Familie Miebach, dass sich Celine und Charly später einmal gut verstehen und mögen. Celine soll auf keinen Fall Angst vor Charly entwickeln, geschweige denn eine Verletzung von ihm davontragen. Also beschließt Familie Miebach, Martin Rütter um Rat zu fragen.

Martin Rütter zu Besuch

Natürlich muss sich Martin erst einmal ein Bild von der Situation machen. So wird ihm vorgeführt, wie sich Charly bei Staubsauger und Co gebärdet: Aus dem freundlich aussehenden Hund wird mit einem Mal ein scheinbar wild gewordener Fellbausch. Plastiktüten mit Pfandflaschen werden zerfetzt und nachhaltig attackiert, ebenso der Staubsauger. Charly beißt sich nicht fest, er attackiert kurz, nimmt dann wieder Abstand, um erneut zu attackieren. Das geht so lange, bis das Objekt, auf das sich die Attacken beziehen, wieder entfernt wird. Ähnlich sieht es beim Tragen des Maxi-Cosis® aus, und es stellt sich zu Recht die Frage, ob Charly seine Aggressionen lediglich auf die Babytrageschale richtet oder doch aus Eifersucht auf das neue Familienmitglied Celine. Um das herauszufinden, wird eine Puppe ins Maxi-Cosi® gesetzt und durch die Wohnung getragen. Charlys Verhalten bleibt unverändert. Er springt und schnappt danach! Eine Beruhigung insofern, dass Charly es offensichtlich nicht explizit auf Celine abgesehen hat.

Martin Rütter erklärt nach den Tests Charlys Verhalten.

1 Charly ist das seltsame Gerät ganz und gar nicht geheuer. Er hat die Ohren angelegt und steht in geduckter Haltung davor.

2 Angriff oder Rückzug? – Charly entscheidet sich erst einmal für Rückzug ...

3 ... und läuft im Bogen um den Staubsauger herum. Dabei wird das Gerät nicht aus den Augen gelassen.

4 Doch der Rückzug kippt plötzlich in Aggression um – Charly stellt sich dem Ungetüm ...

5 ... und geht zum Angriff über.

Analyse – Frust und Unsicherheit

Nicht nur in diesen Ausnahmesituationen, sondern auch sonst zeigt Charly ein großes Aggressionspotenzial in seinem Verhalten. Er verfolgt seine Menschen oder Besucher auf Schritt und Tritt und man muss aufpassen, dass man beim dynamischen Durch-die-Wohnung-Laufen nicht von ihm auf eher unangenehme Weise gebremst wird. Charly entgeht nichts und er ist zudem schnell genervt bzw. frustriert, wenn er Dinge wie Staubsauger und Müllbeutel nicht unter Kontrolle hat. Ihm fehlt die nötige Sicherheit im Umgang mit sich bewegendem Wohnungsinventar und die Ruhe, solche Situationen entspannt hinzunehmen. Sprich, seine Frustrationstoleranz reicht nicht aus und seine Reizschwelle muss deutlich erhöht werden. Warum Charly sich so verhält, hat mehrere Ursachen. Zum einen handelt es sich um einen Terrier, also einen agilen Jäger, dem es in den Genen steckt, auf Bewegungen zu reagieren. Zum anderen haben sicher auch Lernerfahrungen dazu beigetragen, dass er dieses Verhalten beibehalten und ritualisiert hat. Denn als er das erste Mal etwas attackiert hat, wurde ihm nicht deutlich genug vermittelt, dass dies auf keinen Fall erwünscht ist. Vermutlich hat man sich sogar ein bisschen amüsiert.

Immer wieder greift Charly den Staubsauger an. Diese vielen Wiederholungen tragen zur Analyse seines Verhaltens bei.

Tipp

Klare Ansagen an den Hund

Gerade bei jungen Hunden oder sogenannten Secondhandhunden, die erst bei ihren neuen Zweibeinern eingezogen sind, lassen viele Menschen relativ viel durchgehen. Einfach weil der Hund sehr niedlich bei solchen „Schandtaten" aussieht oder weil man das neue Rudelmitglied nicht gleich mit Verboten und Regeln abschrecken will. Häufig besteht auch noch der Irrglaube, dass man Hunden erst mit einem Jahr Dinge beibringen kann. Doch die Erziehung eines Hundes beginnt vom ersten Tag an, ob Welpe oder erwachsener Hund. Gerade klare Regeln und das Aufzeigen von gewissen Grenzen geben dem Hund Sicherheit, denn er weiß, was von ihm erwartet wird, welches Verhalten toleriert wird und welches nicht. Dementsprechend muss er auch nicht jeden Tag aufs Neue testen und ausprobieren, was erlaubt ist und was nicht. Tun Sie also sich und Ihrem Hund den Gefallen, von Anfang an lieber genau und konsequent zu sein. Sind Sie dann ein eingespieltes Team, kann man aufgestellte Regeln gern wieder etwas lockern. Andersherum ist der Weg deutlich schwieriger.

Training – In kleinen Schritten zu mehr Akzeptanz

Um Charly aus den beschriebenen ritualisierten Verhaltensweisen wieder herauszuholen bzw. um ihn in solchen Momenten ansprechen zu können, bedarf es einer für Charly großen Motivation. Bei ihm ist es Futter, andere Hunde sind für das Lieblingsspielzeug zu haben. Ganz egal, was es ist, es muss nur sehr wichtig für den Hund sein.

Operation „Staubsauger"

Charly darf sich also in nächster Zeit sein Futter verdienen, und zwar ausschließlich in den Trainingseinheiten. Das passiert auf eine ganz einfache Art und Weise: Zunächst soll er in der Wohnung nur auf seinen Namen reagieren, wenn er angesprochen wird. Tut er dies, fliegt ein Futterbröckchen auf den

Training 109

Frau Miebach zeigt Charly das Futterstück und animiert ihn, es sich zu holen – trotz Anwesenheit des Staubsaugers im Hintergrund.

Charly traut sich an das Futter, ist aber merklich skeptisch und hält lieber Sicherheitsabstand zum Staubsauger.

Boden, das er sich erhaschen kann. Da dies relativ schnell und problemlos funktioniert, kann direkt zum eigentlichen Training übergegangen werden: das Üben am Objekt. Hierbei ist es sinnvoll, sich zuerst auf einen Auslöser des aggressiven Verhaltens zu konzentrieren, um eine Trainingsbasis zu schaffen. Hat man deutliche Fortschritte erzielt, kann das Training dann auf weitere Gegenstände ausgedehnt werden. So beugt man einer Überforderung vor und kann das Training perfekt gestalten. Als erstes Übungsobjekt für Charly wird der Staubsauger ausgewählt. Bereits das Erscheinen dieses Geräts löst bei ihm die Attacken aus. Deshalb wird der Staubsauger zuerst ins Wohnzimmer gestellt, bevor Charly ihn sehen kann. So kann das Training von

Nächster Schritt: Jetzt liegt das Futter sogar auf dem Staubsauger.

> **Info**
>
> **Erarbeiten von Futter**
>
> Es gibt Hunde, die auf den ersten Blick weder für Spielzeug noch für Leckereien zu haben sind. In solch einem Fall muss man erst eine dementsprechende Motivation schaffen, und die heißt oft Futter. Nicht Leckerchen, sondern das ganz normale Futter! Das gibt es von nun an nicht einfach so im Napf, sondern muss bzw. darf vom Hund erarbeitet werden. Kooperiert der Hund mit seinem Menschen, gibt es für die gelösten Aufgaben Futter. Wenn nicht, bleibt der Magen auch einmal leer. Das geht natürlich nur bei ausgewachsenen und gesunden Hunden! Und selbstverständlich muss die Aufgabe zunächst so leicht gewählt werden, dass der Hund sie auch bewältigen kann. Würde ein Hund ohne Menscheneinfluss leben, hätte er auch mal Tage mit erfolgloser Jagd und leerem Magen, für die Hunde ist das in der Regel kein Problem.

der ersten Sekunde an gewährleistet werden. Denn ist Charly bereits in Rage, muss er sich erst wieder beruhigen, um für neue Lernerfahrungen aufnahmefähig zu sein.

Voller Bauch oder Attacke
Der Staubsauger steht also bereits im Raum, als Charly das Zimmer betritt. Sofort wird Charly angesprochen und bei Reaktion auf seinen Namen ein Futterstück in den Raum geworfen, weit weg vom Staubsauger. So muss sich Charly in Bruchteilen von Sekunden entscheiden: Staubsauger attackieren oder dem Futter hinterherlaufen. Jetzt wird auch deutlicher, warum Charly vorübergehend nur in diesen Trainingssituationen an Nahrung kommen soll. Denn wäre er bereits satt oder würde die Erfahrung sammeln, dass es die lebensnotwendige Nahrung erst nach dem Training gibt, dann würde seine Entscheidung

eher Richtung Staubsaugerattacke gehen. Das geworfene Futter wäre dann nämlich nicht wichtig genug. Man hätte so keine angemessene Motivation mehr für ihn. Im Folgenden macht Charly die Erfahrung, dass er seinen Magen nur füllen kann, wenn er sich für das Futter entscheidet. Attackiert er den Staubsauger, folgt eine längere Trainingspause, bevor Frau Miebach es wieder probiert. Charly lernt also, dass sein Verhalten Konsequenzen für ihn hat. Welche, das kann er selbst beeinflussen. Und nachdem der Magen ein paarmal nicht ganz so voll wurde, erhöht sich seine Motivation, sich für die Futtervariante zu entscheiden. Je mehr Charly die Anwesenheit des Staubsaugers toleriert, desto schwieriger werden die Aufgaben. Ist das Futter anfangs weit weg vom Staubsauger gelandet, nähert man sich mit der Zeit immer mehr an das Haushaltsgerät an. So wird Charly jedes Mal wieder vor die Entscheidung gestellt, ob er attackieren oder sich den Bauch vollschlagen soll.

Staubsauger in Bewegung

Deutlich schwieriger wird die Aufgabe bei einem eingeschalteten Staubsauger. Deshalb bleibt er zunächst ausgeschaltet, die Reizsteigerung soll so gering wie möglich sein. Denn es ist ja nicht Ziel der Sache, dass sich Charly erneut aufregt, sondern dass er auch diesen Übungsschritt mit Bravour meistert. Alle folgenden Schritte basieren auf demselben Prinzip: Zuerst wird das Futter weit weg vom Gerät geworfen, dann schrittweise

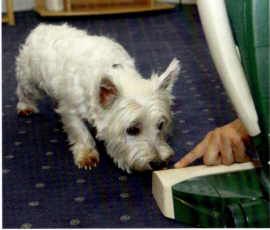

Dass die Annäherung an das Leckerchen und somit an den Staubsauger für Charly eine Überwindung bedeutet, sieht man an der eingeklemmten Rute und an seinem langgestreckten Hals. Auf diese Weise hält er seine Fluchtbereitschaft aufrecht.

immer näher. Erst bewegt sich der Staubsauger von Charly weg, mit der Zeit dann auch auf ihn zu. Bleibt Charly ruhig und hält Abstand, fliegen die Kekse. Fängt er an zu attackieren, wird er ermahnt und das Training pausiert bzw. wird beendet. So entwickelt er eine gewisse Toleranz gegenüber dem Staubsauger. Denn auf einmal hat dieser Vorteile für ihn: Es gibt Futter. Mit eingeschaltetem Staubsauger fängt das Training vom Ablauf her wieder von vorn an. Zuerst steht er nur im Zimmer, dann bewegt er sich wieder. Es ist genau so, wie es sich anhört: absolute Fleißkärtchenarbeit! Beständiges Dranbleiben und tägliches Trainieren machen den Erfolg sichtbar. Doch nach intensivem Training kann Frau Miebach wieder in ihrem Wohnzimmer staubsaugen, ohne Charlys Angriffe befürchten zu müssen.

Stolz wie Charly! Training gemeistert, Staubsauger weg, jetzt kann auch wieder die Rute hoch getragen werden.

 Wichtig

Wohnungsputz

Während der Trainingszeit ist es ganz wichtig, dass Charly beim Staubsaugen der Wohnung nicht anwesend ist, weshalb Freunde ihn in dieser Zeit zu einem Spaziergang abgeholt haben. Seine Anwesenheit würde nur zu Rückfällen führen, da man sich beim Putzen nicht hundertprozentig auf seinen Hund konzentrieren kann, um ein erfolgreiches Training zu absolvieren. Außerdem sind die Reize viel zu stark. Nicht umsonst wurde in ganz kleinen Schritten mit stehendem und ausgeschaltetem Staubsauger begonnen.

Transferleistungen

Das mit dem Staubsauger hat Charly begriffen. Jetzt wird es Zeit für Transferleistungen. Nach dem gleichen Prinzip funktioniert nun das Training für Plastiktüten und das Maxi-Cosi®. Zunächst werden die Gegenstände nur angehoben. Hält Charly Abstand und ist ruhig, wird ihm ein Stück Futter in eine andere Richtung geworfen. Klappt das, wird Charly mithilfe des Futters an die Objekte herangeführt. Funktioniert auch dies, kann man sich langsam und ruhig mit der Tüte bzw. der Babyschale bewegen und auch die Dynamik mit der Zeit immer weiter erhöhen. Durch viele Übungseinheiten wird Charlys Erwartungshaltung verändert. Der Feind wird zum Ernährer, dessen Bewegungen toleriert werden.

Langfristig soll Charly beim Vorbeitragen des Maxi-Cosi® ganz entspannt sein.

Martin Rütter erklärt den Zuschauern der Sendung, was es mit dem Maxi-Cosi® auf sich hat.

AUS DER PRAXIS

Angst und Unsicherheit

Angst ist ein Schutzinstinkt, und damit grundsätzlich etwas Positives, denn sie trägt zur physischen und psychischen Gesundheit von Lebewesen bei. Sobald die Angst jedoch stark ausgeprägt ist oder sehr häufig auftritt, wird sie zur Belastung für Mensch und Hund, zu etwas Negativem. Hunde, die mit starken Unsicherheiten und Ängsten zu kämpfen haben, sind keine Seltenheit. Trotzdem ist dieses Thema in Hundeschulen und der Verhaltenstherapie meist unterrepräsentiert, da diese Hunde zwar Probleme haben, aber keine machen und deshalb leider oft die Notwendigkeit einer Therapie nicht gesehen wird. Häufig wird unsicheres oder ängstliches Verhalten erst spät erkannt, wenn der Ausprägungsgrad schon hoch ist. Ein Hund, der sich unwohl fühlt, zeigt dies aber durch weniger auffällige Signale schon deutlich früher. Würden Menschen das zu diesem Stadium bereits erkennen, könnten etliche unangenehme Situationen vermieden werden. Oder man könnte ihnen adäquat entgegentreten, bevor es „zu spät" ist, der Hund weggelaufen ist, die Flucht nach vorn angetreten hat oder von seinem Menschen nicht mehr ansprechbar ist. Deshalb lohnt es sich, genau hinzuschauen:
Betrachtet man die gesamte Körperhaltung, sind ein runder Rücken, eine stark angelegte Rute und eine eher geduckte, gedrungene Haltung wohl die offensichtlichsten Hinweise auf die Angst eines Hundes. Wenn sich ein Hund beispielsweise vor einem Gegenstand fürchtet, verlangsamt er sein Tempo, möchte einen Bogen um das Objekt gehen, um zu engen Kontakt zu meiden, oder er bricht seine Bewegung gar ab und zieht quasi die Handbremse.

Details und Anzeichen für Angst und Unsicherheit lassen sich jedoch allein am Kopfbereich wunderbar und zahlreich erkennen. Sehr deutlich wird das an den Ohren, die der Hund eng an den Kopf anlegt, wenn er sich unwohl fühlt. Auch das unterstützt das Bestreben, sich möglichst klein und unauffällig zu machen. Gleichzeitig lassen sich in der Regel vergrößerte Pupillen erkennen, je nach Stärke der Angst zum Teil auch weit aufgerissene Augen. Unsichere Hunde versuchen den Blickkontakt mit dem „Angstauslöser" zu vermeiden, während bereits ängstlich reagierende Hunde die Gefahr nicht aus dem Auge lassen. Auch die Schnauzenpartie kann Bände sprechen: Hecheln dient dem Hund nämlich nicht nur zur Wärmeregulation, sondern kann auch ein Stressanzeichen sein. Es ist wichtig, den Hund in seiner Gesamtheit zu betrachten, denn man kann in der Regel nicht von einem einzigen Symptom auf den Wesenszustand des Hundes schließen. Genauer kann man noch auf die Maulspalte achten, die sich bei Stress als lang nach hinten gezogene Öffnung zeigt, sodass ein schmaler Spalt entlang der Zähne entsteht. Bei einem entspannten Hund hingegen ist die Maulspalte viel breiter und ihr Ende c-förmig. Bei Hunden, die am Kopf kurzes Fell haben, kann man sogar eine sogenannte Stressfalte erkennen. Sie erstreckt sich von der Stelle unter den Augen schräg nach hinten Richtung Maulspalt.
Wer die Körpersprache seines Hundes genauer erkennen möchte, dem empfehlen wir, Hundeverhalten mit einer Kamera zu filmen. So kann man sich das Material beliebig oft und auch in Zeitlupe anschauen, denn im Alltag geht für ein ungeübtes Auge meist alles viel zu schnell.

Thyson und Merle – Chaos auf acht Pfoten

Vorgeschichte –
Gemeinsam ist man weniger allein

Der Plan war so schön: Damit der Hund nicht so ganz allein ist, wenn seine Menschen das Haus verlassen, soll er Gesellschaft bekommen. Zwei Hunde können sich dann prima die Zeit miteinander vertreiben und es sich so richtig gut gehen lassen. So viel zur Theorie. Was sich sinnvoll und logisch anhört, muss in der Praxis nicht immer auch so sein. Genau davon kann Frau Bresgen ein Lied singen. Zunächst war da nur Thyson, der helle Labrador-Retriever-Rüde. Ein Energiebündel, das sich in Haus und Garten austobt und sich mit seiner Umwelt beschäftigt – manchmal mehr, als es Familie Bresgen lieb ist. Und so ist schnell klar, dass Thyson seinesgleichen braucht. Merle, die nur zwei Monate jüngere schwarze Labrador-Retriever-Dame zieht also kurze Zeit später ein, und von nun an stellen beide das Haus auf den Kopf und sorgen für sehr viel Trubel. Wie eben unausgelastete Hunde so sind. Die Hoffnung, dass sich die jugendlichen Hundeflausen in den Köpfen der beiden irgendwie auswachsen werden, wird immer geringer.

Als ob sie kein Wässerchen trüben könnten: Thyson und Merle!

Problem – Gleich und gleich gesellt sich gern

Eigentlich sind Thyson und Merle sehr nette Hunde. Zumindest, wenn man jeden für sich betrachtet. Man kann mit ihnen toben, sie verstehen sich blendend mit der dreijährigen Tochter, sind einfach nur herzensgut und zudem noch hübsch anzuschauen. Perfekte Familienhunde scheinbar. Wenn man die beiden jedoch gemeinsam betrachtet, haben sie die Fähigkeit perfektioniert, den Alltag ihrer Menschen zu einer nervenaufreibenden Sache zu machen. Dann bekommt man die Energie zu spüren, die in den beiden steckt. So positiv die Bezeichnung „Energiebündel" auch sein mag, so anstrengend kann das werden, wenn es auch noch im Doppelpack auftritt.

Info

Zwei von einem Schlag

Hunde derselben Rasse, die sich zudem noch in einem ähnlichen Alter befinden, haben sehr viele Gemeinsamkeiten und ähnliche Interessen. Was sich auf den ersten Blick schön anhört, birgt die Gefahr, dass die beiden Hunde gerade aufgrund dieser Ähnlichkeit zu viel miteinander zu tun haben. Der eine kommt auf eine blöde Idee, der andere lässt sich sofort davon anstecken und macht mit. Denn leider schauen sich Hunde nur in den wenigsten Fällen die für uns Menschen guten und nützlichen Dinge voneinander ab. So kann sich Chaos ganz schnell potenzieren. Und was noch als weiterer Stolperstein hinzukommt, ist die Tatsache, dass es für den Menschen immer schwieriger wird, zwischen diese beiden Hunde zu kommen, also ernst genommener Ansprechpartner zu werden oder zu bleiben. Was soll da auch ein Dritter, wenn die beiden Hunde schon ein Herz und eine Seele sind? Hunde, die sich in ihrer Wesensart, ihren Interessen und ihrem Alter unterscheiden, machen es dem Menschen hingegen leichter. Hier gibt es für den Zweibeiner mehr Eingriffschancen, er schafft es oft besser, sich für seine Hunde interessant zu machen, und hat dementsprechend mehr Einfluss auf sie.

Zwei Wirbelwinde in Aktion

Thyson und Merle ziehen an der Leine um die Wette, und wenn sie im Freilauf auf der anderen Seite des Feldes einen Menschen oder Hund sehen, nehmen sie die Beine in die Pfoten und sind weg. Sie wollen nur mal „Hallo" sagen, sind immer sehr freundlich dabei und auf keinen Fall aggressiv. Aber sie hören eben nicht auf Frauchens Rufe. In den eigenen vier Wänden sieht es nicht viel besser aus. Besucher werden sehr massiv begrüßt und die beiden scheinen vor Freude geradezu zu explodieren, denn das Springen und Hüpfen nimmt kein Ende. Was Bresgens aber richtig Sorgen macht, ist die Zerstörungswut der beiden in unbeobachteten Momenten. Und spätestens seit Thyson versuchte, die Steckdose aus der Wand zu ziehen, ist klar, dass das nicht nur eine für Menschen ärgerliche Unart ist, sondern auch lebensgefährlich für die beiden Hunde sein kann. Also werden Thyson und Merle von nun an für die Dauer des Alleinseins in den großen Garten gebracht, dort gibt es einfach weniger Dinge und vor allem ungefährlichere, die zerstört werden können ... so könnte man wenigstens meinen. Denn neben Löchern buddeln scheint auch der Sitz des dort abgestellten Motorrads sehr verlockend zu sein. Von ihm ist nach hundlicher Bearbeitung nicht mehr viel übrig geblieben. Nur gut, dass nicht gleich das ganze Motorrad bei dieser Aktion auf die Hunde gefallen ist. Jetzt steht eines fest: So kann es auf keinen Fall weitergehen, kompetente Hilfe ist gefragt.

Die beiden können sich herrlich gemeinsam austoben oder ihre Energie eben auch an allem anderen auslassen. Hier musste ein Motorradsitz dran glauben.

Martin Rütter zu Besuch · 121

Beliebt ist bei den beiden auch ein nicht enden wollendes Anspringen von Besuchern.

Martin Rütter zu Besuch

Martin Rütter lässt sich von Frau Bresgen verschiedene Alltagssituationen beschreiben und erlebt, wie sich die Hunde sowohl ihm als auch dem Kamerateam gegenüber verhalten. Auch im Garten werden die Hunde beobachtet, um ihr Verhalten noch besser einordnen zu können. Zuerst sind Thyson und Merle bei allen Anwesenden aufdringlich und sehr interessiert an allem. Nach einiger Zeit kommen sie dann zur Ruhe. Im Garten zeigt sich ein ähnlicher Ablauf. In den ersten Minuten rasen die beiden von A nach B, jagen sich gegenseitig und apportieren vom Baum gefallene Äpfel. Dann werden sie aber auch da etwas ruhiger, legen sich hin, kauen auf Äpfeln herum, um nach kurzer Zeit die nächste gegenseitige Jagdrunde zu starten. So interessant die Menschen anfangs für die beiden erscheinen, so beiläufig werden sie von ihnen nach einer gewissen Zeit behandelt. Und bald wirkt es so, als ob die Hunde völlig losgelöst von allen zweibeinigen Anwesenden ihrer Wege gehen.

Analyse – Hunde ohne Aufgabe werden zur Aufgabe

Die beiden Hunde haben sich und sind glücklich miteinander. Frauchen wird in diesem Konstrukt oft als Spielverderber erlebt. Sie nimmt sie beispielsweise an die Leine, wenn von Weitem Menschen zu sehen sind, quartiert sie in den Garten aus, wenn sie drinnen zu lebhaft werden, oder nimmt ihnen die Äpfel weg, weil sie bei zu starkem Konsum bei den beiden zu Durchfall führen. Immer wenn Frau Bresgen auftaucht, ist der Spaß aus Hundesicht vorbei. Na ja, sehr häufig jedenfalls. Thyson und Merle haben zwar sich und verbringen viel Zeit miteinander, doch eine enorm wichtige Sache fehlt: geistige Auslastung.

Wichtig

Kopfarbeit

Bei der Frage, wie ein Hund beschäftigt wird, werden meist diverse sportliche Aktivitäten aufgeführt, die alle etwas mit Bewegung zu tun haben. Sei es der ganz alltägliche Spaziergang oder das Begleiten am Rad oder Pferd. Das ist zwar alles gut und wichtig, eine geistige Auslastung darf jedoch nicht vergessen werden. Auch Hunde möchten ihre grauen Zellen anstrengen dürfen! Erst das lastet sie so richtig aus, macht sie glücklich und entspannt.

Um eine harmonische Familiensituation zu erreichen, muss also einiges getan werden. Vor allem muss Frau Bresgen dafür sorgen, dass ihre Hunde sie als Familienmitglied wahrnehmen und nicht nur als Spaßverderber. Eine der Voraussetzungen für erfolgreiches Training ist jedoch auch, Verständnis für die Problematik bzw. deren Entstehung zu schaffen. Wenn man weiß, warum sich ein Hund so und nicht anders verhält, kann man dieses Verhalten auch beeinflussen. Und da ging es Frau Bresgen wie vielen anderen Ratsuchenden: Mit dem nötigen Hintergrundwissen ist das Flegelverhalten der meisten Hunde kein Rätsel mehr, sondern wird auf einmal erklärbar.

Training –
Strukturen schaffen und Spaß haben

Da es sich um junge und agile Hunde handelt, muss eine kombinierte körperliche und geistige Auslastung gefunden werden. Natürlich bietet sich bei den beiden ein Apportiertraining an, einfach weil es Retriever sind. Es schadet aber nicht, das Ganze etwas dynamischer zu gestalten. Dafür wird ein sogenanntes Reizangeltraining begonnen. Eine Beute – ein Spielzeug, Schweineohr oder Ähnliches – wird an einer Schnur befestigt, die wiederum mit einem Stock verbunden ist, eine Art Angel eben. Durch diese „Verlängerung des Arms" kann der Mensch eine Ersatzbeute, also Spielzeug oder Futter, in einem sehr viel

Es war gar nicht so einfach, die beiden Energiebündel für das Foto zum Stillhalten zu bewegen.

größeren Radius bewegen und zugleich die Beute „lebendig" machen. Sie schlägt Haken, hüpft, rast in eine andere Richtung usw. Ihr hinterherzuhetzen macht den meisten Hunden sehr viel Spaß und sie sind mit Eifer dabei. Das deckt die körperliche Komponente ab, und mit etwas Geschick bekommt man die Hunde so müde, dass sie gar nicht mehr auf die Idee kommen, auch noch an Gegenständen rumzubeißen.

Kein Spiel ohne Regeln

Da Thyson und Merle aber nicht nur körperlich beschäftigt werden sollen, werden an die Reizangel gewisse Regeln geknüpft. So gibt neuerdings Frau Bresgen das Startsignal fürs Jagen und vor allem fürs Spaßhaben! Selbstverständlich wird mit den Hunden einzeln trainiert. So hat Frauchen die Möglichkeit, Einfluss zu nehmen und einen Grundgehorsam aufzubauen. Außerdem erleben die Hunde durch diese Maßnahme, dass man sich auch ganz toll mit seinem Zweibeiner beschäftigen kann. Es entsteht eine ernst zunehmende Alternative zum vierbeinigen Spielgefährten.

Nach und nach kann die Schwierigkeit erhöht werden. So sollen Thyson und Merle zum Beispiel im „Sitz-Bleib" warten, bis Frau Bresgen das Startzeichen gibt und sie hinter der Beute herlaufen dürfen. Gar nicht so einfach, wenn etwas Verlockendes nur wenige Meter entfernt durchs Gras gezogen wird! Aber das Zusammenreißen lohnt sich und erhöht die Spannung. Nachdem die Beute dann eine Weile gehetzt und schließlich gefasst wurde, soll sie zu Frauchen zurückgebracht werden, dann erst

Mit der Reizangel soll Merle körperlich und geistig richtig ausgelastet werden ...

Training | 125

... und als zusätzliche Kopfarbeit darf Merle nun öfter im hohen Gras den Futterbeutel suchen.

Info

Wer nicht will …

Endlich kann Frau Bresgen auch einen Vorteil der Zweihundehaltung nutzen. Denn wenn ein Hund im Training nicht mitmachen möchte, ignorant oder frech ist, beendet Frauchen das Ganze und fängt mit dem anderen Hund an zu trainieren. So kann man sich viel Frust ersparen, denn Frau Bresgen kann quasi innerlich den Satz an ihren Hund richten: „Es ist deine Entscheidung, ob du mitmachen möchtest. Wenn nicht, bin ich nicht böse, sondern nehme einfach den anderen Hund."

Thyson hat sichtlich Spaß bei der Jagd nach dem Beutel.

kann die nächste Jagdrunde beginnen. Auf diese spielerische Art und Weise erleben die beiden Hunde Strukturen und Regeln. Frau Bresgen gibt den Ton an, die Hunde reagieren darauf, und allen macht es zudem viel Spaß. Die Vierbeiner erleben, dass Kooperation gar nicht so schlecht ist, und nehmen ihr zweibeiniges Familienmitglied nach und nach auch als solches wahr. Der Verselbstständigung unter den Hunden wird somit entgegengewirkt.

Ein guter Anfang

In der Regel reicht ein Reizangeltraining nicht aus, um die Hunde von ihrer Zerstörungswut abzuhalten, aber es ist ein sehr guter Anfang. Der Mensch macht sich spannend, schafft neue Aufgaben und erarbeitet sich etwas gemeinsam mit den Hunden, und er schafft Strukturen und Regeln, die so wichtig sind für ein Hundeleben! Jetzt muss dieses Prinzip nur noch auf den Alltag ausgedehnt werden. Frauchen entscheidet immer öfter, wann wo was passiert. Nachdem Frau Bresgen jeden Hund einzeln unter Kontrolle hat, hat sie nun reale Chancen, es auch mit beiden zu schaffen. Und da die beiden geistige Aufgaben bekommen, die sie glücklich und zufrieden machen, haben sie es auch nicht mehr nötig, Haus und Garten samt Inventar auf den Kopf zu stellen und in ihrem Sinne umzudekorieren.

Nach erfolgreicher Jagd gibt es eine große Belohnung.

AUS DER PRAXIS

Hunde im Doppelpack

Doppeltes Glück auf acht Pfoten? Oder eher doppeltes Chaos? Sowohl das eine als auch das andere kann zutreffen. Mehrhundehaltung hat natürlich einige Vorteile. Allen voran ist der tägliche Umgang mit einem Artgenossen für Hunde hervorragend. Es gibt ein Gegenüber, das die gleiche Sprache spricht. Auch für Menschen gibt es oft kaum etwas Schöneres, als die eigenen Hunde zu beobachten. Zu sehen, wie sie miteinander kommunizieren, wie sie spielen und kuscheln. Da entstehen Sequenzen voller Vertrautheit, wie man sie sonst bei Hundegruppen im Park nicht beobachten wird. Und es ist lehrreich noch dazu. Denn von wem kann man besser lernen, wie Hunde „ticken", als von ihnen selbst. Wenn man beobachtet, wie sich Hunde in den verschiedensten Situationen verhalten, gibt das auch Aufschlüsse darüber, wie man sich selbst seinem Hund gegenüber im Alltag verhalten kann. Und was man sieht ist, dass Hunde in der Regel sehr leise miteinander kommunizieren, dass sie nicht jede Frechheit des Gegenübers beachten, aber ihnen wichtige Dinge auch sofort und konsequent durchsetzen.

Zu den Nachteilen gehört, dass wir Menschen auch bei aller Mühe mit unseren kommunikativen Fähigkeiten, was die Hundesprache betrifft, weit hinter dem Original zurückbleiben. Und wir teilen auch nicht unbedingt dieselben Interessen wie Jagen oder den Garten umgraben. Damit besteht die Gefahr, dass sich zwei Hunde quasi verselbstständigen bzw. ihren Menschen ausklammern, ihn nicht für voll nehmen. Die Folge ist, dass der Zweibeiner weniger Einfluss auf seine Tiere hat, was wiederum zu Schwierigkeiten im alltäglichen Zusammenleben führen kann. Bevor ein zweiter Hund also ins Haus kommt, sollte man

sich überlegen, ob man mit den Ecken, Kanten und Macken des ersten gut leben kann. Denn in der Regel schauen sich Hunde untereinander nicht nur die vorbildlichen Verhaltensweisen voneinander ab. Im Idealfall hat man zu seinem ersten Hund eine vernünftige und funktionierende Beziehung aufgebaut, in der es keine Fragezeichen mehr gibt, was die Aufgabenverteilung und die Rudelstruktur angeht. Dann kann man sich guten Gewissens einen zweiten Hund ins Haus holen. Selbstverständlich gibt es auch unter Hunden Antipathien, und man tut nicht jedem Hund einen Gefallen damit, einen zweiten aufzunehmen. Eine Kombination, die für den Menschen meist einfacher zu „händeln" ist, sind zwei Hunde, die einen gewissen Altersunterschied haben. Dadurch stecken die Hunde nicht in der gleichen Entwicklungsphase, haben deswegen auch unterschiedliche Interessen. Das erhöht die Wahrscheinlichkeit auf ein friedliches Zusammenleben. Haben die Hunde zusätzlich noch eine unterschiedliche Mentalität, wird dieser Faktor noch erhöht. Zudem ist es hilfreich, sich häufig mit beiden Hunden getrennt zu beschäftigen um die Mensch-Hund-Beziehung zu fördern. So lassen sich auch neue Signale viel leichter erlernen. Und klappt es mit jedem einzelnen Hund prima, kann man es auch gemeinsam versuchen. Spätestens hier wird klar, dass Hunde auch doppelte Zeit und „Arbeit" beanspruchen. Manche Menschen stehen dem entspannten Rudelleben leider mit ihrem Gerechtigkeits- und Demokratieverständnis im Weg. Denn nur weil Bello der erste Hund war, heißt das nicht, dass er nach Einzug von Fiffi automatisch die Nummer eins bleibt. Es können Ablöseprozesse stattfinden, denen man nicht im Weg stehen sollte!

Stella – Jekyll und Hyde

Vorgeschichte – Von der Straße in die Familie

Über Stellas Vorgeschichte weiß man, wie so oft bei Hunden, die auf der Straße aufgelesen wurden, nichts Genaues. Und so wird in der Regel jede Menge spekuliert und vermutet. Fakt ist, dass Stella aus dem polnischen Tierschutz kam, dann in einer Pflegestelle wohnte, bevor sie zu Familie Wegener gelangte. Das ist jetzt ein paar Monate her, in denen Stella schon jede Menge gelernt und sich in ihr neues Rudel prima eingefunden hat. Auch Stella verhält sich in bestimmten Situationen abwartend, unauffällig und zurückhaltend, so wie viele Ex-Straßenhunde. Einige Hunde reagieren sogar ausgesprochen ängstlich auf ihr neues Umfeld. Das ist bei Stella zum Glück nicht so. Stella ist in ihren neuen vier Wänden ein Lamm. Sie verhält sich lieb, sanftmütig und unauffällig. Und wenn man Stella so sieht, fragt man sich ernsthaft, warum sich Wegeners an den Hundeprofi wenden. Es scheint doch alles bestens zu sein. Ja richtig, solange man sich drinnen aufhält. Aber wehe, man verlässt das Haus ...

Problem – Hund oder Hase, irgendwas ist immer

Draußen gibt es gleich ein doppeltes Problem. Zum einen sind da Stellas Artgenossen. Sobald sie am Horizont erkennbar sind, geht es los mit Stellas Wüterei. Aus dem hübschen kleinen Mischling wird eine Furie, die lautstark verkündet, dass ihr die Gegenwart des anderen Hundes so gar nicht in den Kram passt. Und auf einmal entwickeln sich Kräfte an der Leine, die diesem Hund überhaupt nicht zuzutrauen sind. Erst einige Meter, nachdem der andere Hund den Weg passiert hat, beruhigt sich Stella wieder. Und ihren Menschen bleibt nichts als den Kopf zu schütteln, da ihnen die Wesenswandlung ihres eigentlich so lieben Hundes ein Rätsel ist. Ohne Leine kann Stella allerdings viel gelassener mit ihren Artgenossen umgehen. So scheint die Lösung des Problems nahe: Leine ab und los!

Extremes Verhalten an der Leine

Viele Hunde zeigen an der Leine deutlich extremeres Verhalten anderen Artgenossen oder Menschen gegenüber, als wenn sie sich frei bewegen. Woran liegt das? Lange wurde fälschlicherweise gedacht, dass sich Hunde mit ihrem Menschen im Rücken besonders sicher fühlen und deshalb solch ein Theater machen. Gemeinsam ist man stark! Aber wer sich stark und sicher fühlt, selbstbewusst ist, hat so einen Wirbel gar nicht nötig. Im Gegenteil, man könnte seinem Gegenüber ganz gelassen begegnen. Hunde, die sich also so wild gebärden, fühlen sich durch das Angeleintsein meist verunsichert. Sie können sich nicht so bewegen und verhalten, wie sie es vielleicht gern würden, was in diesem Fall zu Anspannung führt. Die Leine schränkt sie in ihrer Kommunikationsfähigkeit ein, sie können z. B. nicht beschwichtigen oder einen Bogen um den anderen Hund laufen, um ihm so auszuweichen. Zudem gibt es Hunde, die sich zusätzlich noch für ihren Menschen verantwortlich fühlen, also nicht nur sich, sondern auch ihren Menschen irgendwie aus dieser Situation herausbringen möchten. Auch das kann Stress bedeuten. Auch hier ist der Unterschied zwischen Mensch und Hund gar nicht so groß: Wer gestresst ist, reagiert oft gereizter als in einer entspannten Gemütslage.

Ein Familienbild ohne Leine ist im Freien undenkbar. Stella ist ohne Leine nicht zu halten.

Was hier fast ein bisschen gelangweilt aussieht ...

Leidenschaft zum Jagen

Nur leider ist das Entfernen der Leine für das Wegener-Rudel nicht wirklich eine Lösung, denn Stellas zweite Leidenschaft wird für Wegeners zum nächsten Problem – das Jagen! Und zwar nicht nur ein bisschen, wenn das Reh quasi schon vor ihr steht, Stellas Verhalten fängt schon an der Haustür an. Kaum öffnet sich diese, wittert und schaut sie bereits, wo denn die vielen Hasen sind, die sich oft auf der Wiese vor dem Haus tummeln. Sie zieht an der Leine, hält die Nase in den Wind und ist kaum ansprechbar. Zum Feldweg, wo Stella auf die nächste Jagdbeute hofft, ist es nicht weit – aber mit Sicherheit kommen einem hier auch noch ein paar Hunde entgegen. Stella schaltet also kurz auf Furie um, um sich danach direkt wieder dem Jagen zuzuwenden. Von einem erholsamen Spaziergang kann hier keine Rede sein! Wegeners suchen inzwischen schon automatisch die Umgebung ab. Wenn Sie nämlich andere Hunde oder Hasen zuerst entdecken, haben sie zumindest eine kleine Chance, Stellas Verhalten zu beeinflussen, und sei es auch nur durch Ausweichen.

Martin Rütter zu Besuch

Als Martin das erste Mal bei Wegeners zu Besuch ist, passiert trainingstechnisch noch nichts. Denn Stellas extremes Verhalten lässt ihn nach den Ursachen bzw. nach den Motivationen der Hundedame fragen. Da man aber über ihr Vorleben, wie gesagt, wenig weiß, sollen ein paar Tests Aufschluss bringen. Aus diesem Grund trifft man sich an einem anderen Tag im „Zentrum für Menschen mit Hund" in Bonn, wo verschiedene eingezäunte Wiesen zur Verfügung stehen, die sich für solche Tests hervorragend eignen. Wenn ein Hund auf der anderen Seite des Zauns erscheint und Stella Vollgas gibt, sollen Wegeners die Leine fallen lassen und in eine andere Richtung davongehen. Martin möchte sehen, für was sich Stella entscheidet: den Hund am Zaun ankläffen oder sich mit ihren Menschen zurückziehen? Die Leine soll als demonstrative Geste fallen gelassen werden, ganz nach dem Motto: „Streiten kannst du dich allein, wir sind schon mal weg."

...ändert sich sofort, wenn Stella etwas zum Jagen erahnt.

Einigen Hunden wird nämlich ganz anders, wenn sie auf einmal merken, dass die Leine ins Unendliche nachgibt. Sie drehen sich um und sehen, dass ihre Menschen schon weit weg sind, und kommen dann zu dem Entschluss, dass sie sich doch nicht so dringend mit dem anderen Hund anlegen wollen. Ein kleinerer Prozentsatz der Hunde reagiert auf das Nachgeben der Leine erleichtert und läuft, ohne zu zögern, auf den anderen Hund zu. Wie Stella reagiert, gilt es nun herauszufinden.

Analyse – Angriff ist die beste Verteidigung

Als der Labradorrüde Pino die Wiese jenseits des Zauns betritt, stellt sich der klassische Vorführeffekt ein. Stella ist zwar aufmerksam, bellt jedoch nicht. Deshalb soll bei der zweiten Annäherung die Leine fallen gelassen werden, egal welches Verhalten Stella zeigt. Stella rast zum Zaun, genau so, wie sie es auch im Freilauf tun würde. Und dann ... Nichts! Nach der ersten Attacke hat Stella gemerkt, dass Pino ihr nichts anhaben will, und wird etwas ruhiger. Dies spricht für ein angstmotiviertes Verhalten: Zuerst einmal zeigen, wer man ist (weil die nötige Sicherheit im Umgang mit Artgenossen fehlt), um dann festzustellen, dass gar kein Grund für die Aufregung besteht. Stella hatte, wie so viele andere Hunde auch, die Lernerfahrung gemacht, dass sie sich mit Aggression die anderen Vierbeiner vom Leib halten kann. Und da dies so wunderbar funktioniert, wiederholt sie dieses Verhalten immer wieder.

Das ganze Prozedere wird in einem nächsten Durchgang mit einer Hündin auf der anderen Seite des Zauns wiederholt. Auch hier lassen Wegeners die Leine fallen und gehen. Stella ist zunächst abwartend freundlich gegenüber Ginala, der Labradordame. Als Stellas Menschen zurückkommen und sich dann sogar dem fremden Hund annähern, bellt sie aber doch. Entfernen sich Wegeners wieder, geht Stella sofort mit. Da scheinen ihr ihre Menschen wichtiger zu sein als Ginala. Selbst als beide Hunde frei laufen dürfen – immer noch mit dem Zaun dazwischen –, ist Stellas Verhalten gemäßigt. Und das ist gut so, denn in der gemäßigten Form sieht Martin Rütter Stellas Verhalten viel deutlicher, als wenn er nur die extremen Formen beurteilen kann. Jetzt erkennt man Zwischentöne und Nuancen. Man sieht, dass Wegeners für Stella durchaus wichtig sind und eine gute Beziehung vorhanden ist.

Viele Hunde finden ein Fernsehteam samt Zubehör sehr spannend. Wenn Stella aber Hund oder Hase sieht, ist ihr alles andere egal.

Training – Dampf ablassen mit Struktur

Stella muss in nächster Zeit nun vor allem zwei Dinge lernen. Zum einen, dass ihre Menschen und nicht sie entscheiden, welcher Hund nun gefährlich ist und gegen wen man sich verteidigen muss – und gegen wen eben auch nicht. Zum anderen soll Stella ein alternatives Ventil für ihre Aufregung bekommen. Anstatt an anderen Hunden ihren Dampf abzulassen, soll dies in einer gemeinsamen Aktion mit ihren Menschen geschehen. Und das wird auch gleich auf den Trainingswiesen in Bonn umgesetzt: Noch bevor sich Stella über die Anwesenheit eines anderen Hundes aufregt, soll Frauchen ein Stück Futter in eine andere Richtung werfen und damit die Dynamik umlenken. Es geht hier nicht um ein Ablenkungsmanöver, im Gegenteil. Denn bei einer Ablenkung umgeht man das Problem lediglich, man trainiert nicht wirklich an der Problematik. Hier soll Stellas Verhalten aber gelenkt und geformt werden. Sie soll lernen, dass sie beim Anblick eines Hundes die Wahl hat: entweder

Auch für Streicheleinheiten hat Stella draußen in der Regel keine Ruhe.

 Info

Umlenken von Verhalten

Ein Hund muss eine Situation immer erst wahrnehmen, um daraufhin eine Entscheidung treffen zu können. Wer seinem Hund sofort wohlduftende Leckerchen vor die Nase hält, lenkt diesen lediglich vom eigentlichen Geschehen ab. Der Hund sollte im Idealfall den Auslöser für sein bisher problematisches Verhalten wahrnehmen und sich trotzdem für ein Alternativverhalten entscheiden. Erst dann folgt eine Belohnung, denn erst jetzt hat er ein Verhalten gezeigt, das bestätigt werden kann. Also: Erst wenn der Hund ansprechbar ist oder sich anders auf seinen Menschen einlässt, sollte der Zweibeiner das Futterstück aus der Tasche ziehen. Hält der Mensch es schon vorher griffbereit, kann es passieren, dass der Hund nur wegen des in Aussicht gestellten Leckerchens das erwünschte Verhalten zeigt. So erreicht man aber kein zuverlässiges Verhalten, sondern bleibt immer auf „Bestechungsfutter" angewiesen.

Für Dynamik lässt sich Stella begeistern. Egal, ob mit ihren Menschen ...

bellen oder erst mal abwarten und ruhig sein. Entscheidet sie sich fürs Bellen, gehen die Menschen ganz gelassen wieder nach Hause und beenden den Spaziergang. Hat sich Stella jedoch entschieden, nicht gleich eine Attacke zu fahren, soll das mit Dynamik und Futter belohnt werden.

Dieses Hinterherhetzen nach einem Futterstück ist gleichzeitig auch noch ein Alternativverhalten für Stellas geliebtes Jagen, das die Spaziergänge attraktiver werden lässt. Man hat also gleich zwei Fliegen mit einer Klappe geschlagen!

Annäherung an fremde Hunde
Die Strategie, Futter und Dynamik miteinander zu kombinieren, scheint genau das Richtige für Stella zu sein, denn sie ist mit Feuereifer dabei. Durch die Dynamik, das angebotene Ventil, baut Stella Stress ab und erlebt, dass ihre Menschen viel spannender sind als alles andere. Jetzt muss sie nur noch begreifen, dass ihre Menschen durchaus einschätzen können, ob ein anderer Hund eine Gefahr darstellt oder nicht, sprich, ob Sichaufregen ein angemessenes Verhalten ist. Zu diesem Zweck wird Stella wieder auf gewissen Abstand mit einem Hund konfrontiert. Frau Wegener geht nun allein auf diesen Hund zu, checkt ihn quasi für Stella ab. Verhält Stella sich ruhig, kommt Frauchen wieder und belohnt sie mit Bewegung.

... oder mit fremden Personen.

 Tipp

Spaziergänge interessant gestalten

Oft unterscheiden sich die Interessen von Mensch und Hund auf Spaziergängen drastisch. Menschen möchten die Natur genießen, abschalten und ein bisschen Bewegung haben. Hunde dagegen gehen nicht spazieren, weil sie sich mal die Pfoten vertreten müssen oder das Wetter gerade so schön ist. Sie haben ein Ziel, und in ganz vielen Fällen heißt dieses leider „Jagen".

Da Hunde aber auch merken, dass ihre Menschen dieses Interesse offensichtlich nicht teilen, machen sie sich eben selbstständig oder tun sich mit ihren Hundekumpeln zusammen. Menschen haben aus Hundesicht den Sinn eines Ausflugs nicht erkannt! Gehört Ihr Hund also zu denen, die sich nur schwer abrufen lassen und die gern mal ein paar Extrarunden drehen, dann versuchen Sie doch mal mit Ihrem Hund anstatt spazieren auf die Jagd zu gehen – natürlich auf eine Ersatzbeute. Verstecken Sie ein Spielzeug im Baum, lassen Sie Futter ausbuddeln oder gehen Sie gemeinsam einer Fährte nach. Wenn Sie für Ihren Hund spannend sind, dann muss er sich auch nicht so stark für alles andere interessieren.

Die beiden laufen über die Wiese und erbeuten geworfene Futterstücke. Wenn Stella jedoch unruhig wird und gar das Bellen und Toben anfängt, entfernt sich Frau Wegener sowohl von dem fremden Hund als auch von ihrer Hündin. Ist Stella wieder ruhig, wird die Annäherung an den fremden Hund so oft wiederholt, bis Stella gelernt hat abzuwarten. Erst dann kommt Frauchen zurück und beschäftigt sich wieder mit ihr. Auf diese Weise soll Stella mit der Zeit das nötige Vertrauen in ihre Menschen aufbauen. Denn sie beobachtet, wie sich Frauchen mit einer potenziellen Gefahr auseinandersetzt, diese jedoch nie zur tatsächlichen Gefahr wird.

Pfeife und Futterbeutel

Jetzt heißt es üben, üben, üben und jede Gelegenheit zum Trainieren wahrnehmen. Wegeners gehen mit offenen Augen spazieren und achten auf Stellas Verhalten. Es muss der richtige Zeitpunkt für die Belohnung gefunden werden, denn in den nächsten Schritten soll sie nicht immer sofort belohnt werden, sondern erst, wenn sie schon ein Weilchen brav war, nachdem sie einen anderen Hund registriert hat. Langfristig möchte man nämlich halbwegs entspannt an anderen Hunden vorbeigehen können, ohne den eigenen Hund sofort „bespaßen" zu müssen. Zwei Trainingsmittel, die für Wegeners eine große Hilfe sind, sind die Pfeife und der Futterbeutel. Letzterer ist die Ersatzbeute, die von nun an gemeinsam mit den Menschen erjagt werden kann – und das sogar erfolgreich! Denn die Hasen hat Stella

 Info

Vertrauen und Schutz

Natürlich muss man jetzt nicht ein ganzes Hundeleben lang zu jedem entgegenkommenden Hund gehen. Dies ist nur anfangs wichtig, bis der eigene Hund das nötige Vertrauen hat. Danach reicht es, wenn man sich selbst in eine nähere Position zum anderen Hund bringt, als es der eigene Vierbeiner ist. So könnte man im Zweifelsfall immer noch schnell eingreifen, falls der andere Hund doch zu einer Bedrohung wird. Dieses räumliche Schutzschild, das man bildet, kann auf Hunde sehr beruhigend wirken.

Stella möchte mit dem Training gar nicht mehr aufhören. Sie genießt dann aber doch eine Pause.

bisher nie erwischt. So kann Stella lernen, dass ein ruhiges Verhalten beim Anblick eines Artgenossen mit einem anschließenden Jagdspiel belohnt wird, das sie satt, glücklich und zufrieden macht. Bei der Pfeife handelt es sich eher um ein Notfallwerkzeug. Stella muss zunächst in kleinen Schritten lernen, dass der Pfeifton für sie das Paradies bedeutet, weil es dann immer die besonders leckeren Sachen gibt. Und weil der Pfiff im Vergleich zur Stimme ein weniger geläufiges Geräusch ist, reagieren Hunde in der Regel sehr gut darauf. Langsam werden die Situationen erschwert, in denen Stella auf das Tonsignal zurückkommen soll. Und mit viel Fleiß und Übung kann man erreichen, dass sich Stella auch von einem Hasen abrufen lässt. Wegeners haben noch viel zu tun! Das Schöne ist jedoch, dass es sich bei Stella um einen ganz aufgeweckten Hund handelt, der sehr viel Spaß am Lernen hat.

AUS DER PRAXIS

Hunde aus dem Süden

Hunde, die aus meist mediterranen Ländern zu uns kommen, werden häufig als „Straßenhunde" bezeichnet. Und in der Tat ist es oft so, dass diese Tiere von der Straße eingefangen und in Tierheime oder Tötungsstationen gebracht wurden, bevor sie die Reise nach Deutschland antraten. Aber nicht nur Tiere, die ausgesetzt oder bereits ohne Menschenobhut geboren wurden, kommen aus dem Süden zu uns. Manchmal sind es auch Hunde, die zu Jagdzwecken gehalten wurden und derer man überdrüssig geworden ist. In der Tat haben einige Vierbeiner das Glück, nach Deutschland in ein anderes Leben zu kommen. Allerdings ist der Import nicht immer eine gute Lösung, weder für die Hunde noch für die zukünftigen Halter. Zum einen deshalb, weil nicht alle importieren Hunde genügend Erfahrungen mit Menschen oder städtischem Trubel haben. Für sie wird die neue Welt zu einer einzigen Reizüberflutung, auf die sie mit starken Unsicherheiten oder Angst reagieren können. Natürlich kann man versuchen, das Familienmitglied behutsam an seine für ihn noch fremde Umgebung zu gewöhnen, häufig auch mit guten Erfolgen. Meist bleibt jedoch eine gewisse Skepsis zurück oder die Angst vor lauten Geräuschen oder nicht bekannten Objekten. Hat der importierte Hund bisher tatsächlich nur unter Hunden gelebt, ergeben sich neue Schwierigkeiten. Wenn z.B. nur wenige Tiere aus dem Rudel gefangen wurden, muss der Rest sehen, wie er ohne die entfernten Rudelmitglieder klarkommt. Waren ausgerechnet das die stärksten Jäger und Beschützer, besteht Gefahr für die Existenz des Rudels. Aber auch der eingefangene Hund muss sich an die Kommunikation seiner neuen Halter gewöhnen und z. B. erst lernen, dass es Menschen nicht

unbedingt als Drohgeste meinen, wenn sie sich vornübergebeugt dem Hund nähern. Unter Hunden ist diese Geste nämlich ein ganz klares Drohsignal. Und Hunde, die von Anfang an Kontakt zu Menschen haben, lernen auch schnell diesen Unterschied kennen. Neue Halter eines Hundes aus dem Süden tun also gut daran, in die Hocke zu gehen und sich dem neuen Familienmitglied eher seitlich als frontal zuzuwenden, das ist dem Vierbeiner eine große Hilfe und baut Vertrauen auf.
Aber zum Glück gibt es genügend Hunde, die nicht verängstigt in ihrem neuen Zuhause sind. Während sich die Hunde wohl fühlen, tut sich meist ein spezielles Problem für die Menschen auf. Denn bisher hat dem Vierbeiner niemand gesagt, was er zu tun oder zu lassen hat. Die Hunde handelten eigenverantwortlich, verschafften sich ihr Futter selbst und trafen auch sonst alle Entscheidungen allein. Beim Zusammenleben mit Menschen müssen aber notgedrungen ein paar Regeln eingehalten werden, was eine enorme Umstellung für den Hund bedeuten kann. Nicht selten werden die neuen Halter mit Ignoranz „gestraft", und der eine oder andere kann nicht immer darüber lachen, dass sein Hund ihm mal wieder gezeigt hat, dass er auch ohne ihn prima auskommt. Auch das Talent, noch so gut verschlossene Mülltonnen aufzumachen und zu durchwühlen, wird der Vierbeiner nicht von heute auf morgen ablegen.
Mit dem nötigen Verständnis und reichlich Geduld ist ein für alle Beteiligten schönes Zusammenleben aber erreichbar. Und ein ganz klarer Vorteil: Oft sind Hunde aus dem Süden sehr sozial ihren Artgenossen gegenüber, weil sie ihr bisheriges Leben lang in Hunderudeln verbracht haben!

Nanuk – Ein Hund will nicht spielen

Vorgeschichte – Eine Frage bleibt

„Der will doch nur spielen", ein Satz, den man auf Straßen und in Grünanlagen häufig hört. Die umgekehrte Variante, „Der macht alles, nur nicht spielen", ist dagegen nur sehr selten zu hören. Doch für Britta Hinderlich und Christian Bode ist dies eine Tatsache, genau das sagen sie nämlich über ihren Hund Nanuk. Vor gut drei Jahren hat das Paar den inzwischen achtjährigen Husky-Malamut-Mix bei sich aufgenommen und Herr Bode hat sich die meiste Zeit um ihn gekümmert. Frau Hinderlich steht Hunden immer noch eher skeptisch gegenüber und überlässt die Erziehung ganz ihrem Mann. Ihr Herz schlägt für ihre Katzen, die ebenfalls mit im Haus leben.

Doch alles in allem hat sich ein recht harmonisches Zusamenleben entwickelt. Nur eines fehlt Herrn Bode: Er möchte so gern mit Nanuk richtig spielen: ein bisschen fangen, ein bisschen das Fell durchwuscheln, oder ein bisschen mit ihm auf dem Boden kullern. Doch auf diese Art von Spiel lässt sich Nanuk nicht ein, beziehungsweise es artet immer in eine wilde Rauferei aus.

Christian Bode, Britta Hinderlich und Nanuk haben sich schon gut aneinander gewöhnt. Doch unter Spiel verstehen Hund und Mensch noch etwas völlig anderes.

Nanuk gehorcht schon sehr gut, doch vom Spielen mit seinem Herrchen möchte er nichts wissen.

Problem –
Wie bringt man einem Hund das Spielen bei?

Von sich aus ist Nanuk eigentlich nie in Spiellaune, sondern muss von seinem Herrchen erst dazu animiert werden. Frauchen verzichtet lieber ganz darauf, weil sie schon rein körperlich dem großen Hund nicht standhalten könnte und auch Respekt davor hat, wenn es so wild zugeht. Und es geht wild zu! Anspringen, in Klamotten und Arme beißen und laute Knurrgeräusche von sich geben, das gehört zum Standardprogramm. Ohne feste Handschuhe hätte Herr Bode schon längst blutige Hände, und blaue Flecken gehören zur Tagesordnung. Das soll sich nun ändern. Von Martin Rütter möchte das Paar erfahren, wie man Nanuk zu einem schöneren und angenehmeren Spiel animieren kann, bei dem auch körperliche Nähe ohne Blessuren möglich sind. Das ist für die beiden wichtig, um die Bindung zu ihrem Hund zu stärken. Sie möchten durch das gemeinsame Spiel erreichen, dass Nanuk aufmerksamer wird und mehr ihre Nähe sucht. Frau Hinderlich ist es zudem wichtig, mit dem Spiel eine Möglichkeit zu haben, Nanuk von anderen Artgenossen, die er nicht so gerne mag, abzulenken.

Martin Rütter zu Besuch

Nach einem kurzen Einführungsgespräch möchte Martin Rütter Herrn Bode und Nanuk im Spiel miteinander sehen, um sich ein Bild von der Situation machen zu können. Bereits in der Wohnung drehen die beiden Herren ganz schön auf, und auf der nahe gelegenen Wiese zeigt sich das Verhalten dann in seinem vollen „Ausmaß". Aber da Herr Bode das bereits kennt, ist er bestens ausgerüstet: Feste Schuhe, Kleidung, die schmutzig werden darf, und vor allem die erprobten Handschuhe sind immer mit dabei. Nach einiger Beobachtungszeit greift Martin Rütter ein und fordert Herrn Bode auf, seinen Hund zum Spielen aufzufordern, allerdings ohne dabei körperlich zu werden.

Noch ahnt Nanuk nicht, dass es bei der Lagebesprechung vor allem um ihn geht.

Das fällt Herrn Bode sehr schwer, denn sein sogenanntes „Spiel" besteht aus Anrempeln, Knuffen, Schubsen und Rangeln. Alles sieht mehr nach einer Rauferei als nach einem Spiel aus, und Nanuks Reaktion darauf bestätigt den Verdacht. Um auch Herrn Bode dies anschaulich zu verdeutlichen, schubst Martin ihn ebenfalls zur Seite, einmal, zweimal. Er pöbelt ihn an und fordert ihn heraus. Durch diese Maßnahme wird Herrn Bode schnell deutlich, was er eigentlich mit seinem Hund tut. Er streitet mit Nanuk!

Nanuk nimmt freundlich Kontakt mit Kameramann Klaus Grittner auf.

Analyse – Spiel oder Rempelei?

Der Husky-Malamut-Mix möchte eigentlich keine Auseinandersetzung mit seinem Herrchen. Aber weil dieser immer weiter rempelt und pöbelt, bleibt Nanuk nichts anderes übrig als sich zu wehren. Und dazu benutzt er auch seine Zähne. Martin Rütter und Herr Bode schätzen Nanuks Verhalten also ganz unterschiedlich ein. Was Herr Bode als Spielaufforderung wahrnimmt, wird von Martin als Streiten analysiert. Das Verhalten von Nanuk hat nicht im Geringsten etwas mit Spiel zu tun.

 Info

Verspielte und ernste Typen

Viele Rassen bleiben ihr Leben lang sehr kindlich und verspielt (z. B. Retriever), während andere Rassen viel schneller erwachsen und selbstständig werden (z. B. Nordische Hunde, Herdenschutzhunde). Halter dieser zur Selbstständigkeit neigenden Rassen werden feststellen, dass ihre Hunde in der Regel kaum für Spiel zu begeistern sind. Diese Hunde hinterfragen schnell den Sinn solch angebotener Beschäftigungsvarianten. Ein weggeworfener Ball ist auch für einen siebenjährigen Retriever in der Regel noch interessant, während ein Herdenschutzhund schon längst aufgehört hat, diesem Ball hinterherzulaufen. Was soll er auch damit? Und so muss für Nanuk eine Trainingsart gefunden werden, hinter der er den Sinn erkennen kann, die unterm Strich also lohnenswert für ihn ist.

Training – Von Abstand hin zu mehr Nähe

Das Spielverhalten zwischen Nanuk und seinem Herrchen hat sich bereits so eingespielt, dass zunächst eine Unterbrechung notwendig ist. Da passt es gut, dass Herr Bode die nächsten Wochen beruflich unterwegs sein wird und nur am Wochenende zu Hause ist. Denn genau das ist Martin Rütters Plan: Nanuks Aufmerksamkeit soll zuerst einmal auf Frau Hinderlich gelenkt werden, die bis jetzt keine große Rolle in seinem Leben gespielt hat. Für Frau Hinderlich ist es das erste Mal, dass sie sich ganz allein sowohl um Nanuk als auch um die zur Familie gehörenden Katzen kümmern muss. Keine einfache Zeit, denn ihre Angst vor Hunden hat sie noch nicht ganz überwunden. Und so bedeutet es eine große Herausforderung für sie, das Training von Nanuk allein zu übernehmen. Andererseits besteht so die Chance, dass die beiden ein eingespieltes Team werden und sich besser verstehen. Zudem kann sich Herr Bode nach diesem Training mit anderen Vorzeichen Nanuk nähern. Wichtig ist zunächst einmal, jede Körperlichkeit mit Nanuk zu vermeiden. Seiner Erwartungshaltung, dass gleich wieder gekabbelt wird, soll nicht entsprochen werden. Stattdessen soll das Training auf seinen anderen Sinnen wie Hören und Riechen aufgebaut werden. Kombiniert wird das Ganze mit einer für Nanuk wichtigen Komponente: Nahrung!

Schritt 1 – Volle Konzentration

Frau Hinderlich wirft von nun an Futterstückchen im Wohnzimmer, die Nanuk mithilfe seiner Sinne erbeuten soll. Das heißt aber auch, dass Nanuk nicht jedes Mal sehen darf, wohin Frauchen das nächste Stück wirft. Frau Hinderlich muss bei diesem Training auch selbst viel Geschick entwickeln, damit Nanuk nicht immer gleich sieht, wohin das Leckerchen kullert. Doch es funktioniert! Nanuk spitzt die Ohren und lauscht dem Geräusch, welches das Leckerchen beim Landen auf dem Teppich erzeugt. Kann er es nicht gleich sehen, kommen die Riechzellen zum Einsatz. Das bedeutet für ihn volle Konzentration! Sowohl Zwei- als auch Vierbeinern macht das gemeinsame Erbeuten von Leckerchen Spaß, und so kann zügig zum nächsten Trainingsschritt übergegangen werden.

Training | 151

Nanuk lernt auf die Signale seines Frauchens zu achten ...

... und wird dafür zeitnah belohnt.

Zusammen mit Frauchen geht er auf Leckerchensuche und achtet dabei auf körpersprachliche Signale.

Schritt 2 – Orientierung

Nanuk soll lernen, sich an den Zeichen seines Frauchens zu orientieren. Zeigt sie in eine bestimmte Richtung, soll er auch genau dort suchen und nicht völlig selbstbestimmt irgendwo den Teppich abschnüffeln. Auf kurze Distanzen funktioniert das sehr gut. Längere Strecken müssen noch geübt werden, da Nanuk einfach sehr eigenständig ist, typisch Nordischer Hund! Dann ignoriert er schon mal Frauchens Rufen und Wedeln mit den Armen. Und so erlebt Frau Hinderlich alle Höhen und Tiefen des Hundetrainings. Als Nanuk dann auch noch nach dem neu zugezogenen Kätzchen schnappt und Frau Hinderlich nun ganz ohne ihren Mann klarkommen muss, liegen die Nerven blank. Immer wieder müssen sich die zwei zusammenraufen. Und nach einigem Hin und Her gibt es endlich Positives zu berichten. Zum ersten Mal erlebt Frau Hinderlich Situationen, in denen sie voller Überzeugung „Jawohl, mein Hund!" sagen kann. Denn Nanuk beginnt Verhaltensweisen zu zeigen, die bis-

Nordische Hunde sind sehr eigenständig und müssen erst lernen, auch auf ihre Menschen zu achten.

her nur bei Herrn Bode möglich schienen. Dazu gehört, dass Nanuk von sich aus Kontakt zu Frau Hinderlich sucht, auch mal durch ihr Gesicht leckt und generell aufmerksamer ist. Die viele Mühe macht sich endlich bezahlt.

Schritt 3 – Leinenführigkeit

Nun werden als weiterer Trainingsschritt Übungen zur Leinenführigkeit eingebaut, damit Frau Hinderlich auch außerhalb des Hauses mehr Kontrolle über ihren Hund hat. Und siehe da, der ach so ignorante Nanuk läuft plötzlich aufmerksam neben Frauchen her! Das funktioniert anfangs natürlich nur in eher ablenkungsfreien Situationen. Bis die beiden so entspannt an vierbeinigen Erzfeinden vorbeikönnen, bedarf es noch weiterer Übung und Zeit. Aber ein Anfang ist gemacht. Und vor allem wurde damit eine Grundlage geschaffen: die Motivation, auch andere Ziele erreichen zu können. Frau Hinderlich ist mit Nanuk glücklich. Jetzt gilt es wieder, den Bogen zurück zu

Martin Rütter erklärt Frau Hinderlich, wie sie Suchspiele mit Nanuk aufbauen kann.

Mit allen Sinnen auf der Suche: Aufmerksam verfolgt Nanuk, wohin das Leckerchen fliegt.

Herrn Bode zu schlagen, der sich bisher aus dem Training herausgehalten hat. Er kann nun von Brittas Vorarbeit profitieren und die Übungen einfach übernehmen. Auf keinen Fall darf er wieder in das alte Muster verfallen, denn Nanuk soll die Sicherheit behalten, dass er nicht mehr angepöbelt wird. Und mit einem entspannten Hund, der gelernt hat, gemeinsam mit seinem Menschen etwas zu erreichen, kann man ganz anders trainieren. Nanuk werden Suchspiele angeboten und es werden Fährten für ihn gelegt. Mit einem Futterbeutel kann man das Apportieren aufbauen, um damit das klassische Spiel mit dem Ball zu ersetzen. Seine Nahrung zu apportieren, macht für ihn mehr Sinn und ist deshalb eher von Erfolg gekrönt.

Nanuk kann man nicht zu einem „Spielhund" umkrempeln, und das ist auch gar nicht nötig, denn es gibt im Zusammenleben mit ihm nun reichlich Alternativen, mit denen trotzdem alle ihren Spaß miteinander haben. Und da dies für Nanuk zudem noch sinnvoll erscheint, was seine Menschen da mit ihm machen, erreichen diese gleichzeitig auch einen ganz anderen Stellenwert. Die Beziehung zwischen Zwei- und Vierbeiner wurde deutlich optimiert. Jetzt heißt es dranbleiben – und diesen Vorteil für das weitere Zusammenleben ausnutzen!

Training | 155

Dann wird mit der Nase die Wiese abgesucht, bis die „Beute" aufgespürt ist.

Nach der Suche ist Nanuk mit all seiner Aufmerksamkeit wieder ganz bei Frauchen.

Fino und Kenzo – Führungswechsel

Vorgeschichte – Ein Hund für Herrchen

Die Frage, ob der Hund oder der neue Lebenspartner mit Frauchen das Bett teilt, ist lange her. Für Herrn Plumhoff ist es inzwischen kaum vorstellbar, dass dies jemals eine Oder-Frage war. Denn was anfangs unmöglich erschien, ist heute aus dem täglichen Leben kaum wegzudenken: das gemeinsame Kuscheln und Einschlafen aller Zwei- und Vierbeiner in einem Bett. Und so kam nach Herrchens Einzug bei Frau Eltner und ihrem West Highland Terrier Fino auch irgendwann ein zweiter Westie-Rüde hinzu. Nun hatte jeder „seinen" Hund, und in Anbetracht der Tatsache, dass Fino inzwischen zwölf Jahre alt ist, ist es auch irgendwie ein beruhigendes Gefühl, nicht eines Tages ganz ohne Hund dazustehen. Und so zog der kleine Welpe Kenzo ein und brachte wieder Leben ins Haus. So weit, so gut. Mit Kenzos Pubertät änderte sich aber eine nicht unwesentliche Kleinigkeit, was den Alltag des Rudels betraf: Kenzo fing an, das Haus zu markieren!

Problem – Willkommen in Kenzos Haus

Das Problem äußert sich in kleinen Pfützen, die mal hier, mal da zu finden sind. Kenzo hat zwar schon ein paar bevorzugte Markierstellen wie z. B. den Vorhang im Essbereich, aber er nimmt auch gern andere Möglichkeiten wahr, um darzustellen, in wessen Haus man sich seiner Meinung nach befindet. Kenzo hat eine Vorliebe für neu ins Haus gebrachte Gegenstände, also alles, was noch nicht nach ihm riecht. Ob es die abgestellte Angeltasche ist, die daran glauben muss, oder das neue Windlicht, egal: Nichts ist vor ihm sicher. Auch bei den Dreharbeiten musste akribisch aufgepasst werden, dass keine Kamera unbeobachtet auf den Boden gestellt wurde…
Als ob das für ein Zusammenleben nicht schon nervig genug wäre, hebt Kenzo aber auch in anderen Haushalten bzw. Örtlichkeiten das Bein. Nur sehr ungern wird er dementsprechend zu Einkaufsausflügen mitgenommen, denn Frau Eltner und

Nichts ist vor Kenzo sicher – alles Neue wird nicht nur begutachtet, sondern auch markiert.

Herr Plumhoff können sich nie sicher sein, dass Kenzo nicht auch dort in einem unbeobachteten Moment das Inventar bepinkelt. Der kleine Rüde ist clever genug: Er hebt nicht demonstrativ vor den Augen seiner Menschen das Bein, sondern wartet Situationen ab, in denen seine Menschen mit anderen Dingen beschäftigt sind.

 Info

Markieren

Dass Kenzo durch das Urinablassen markiert und nicht etwa ein gesundheitliches Problem hat, lässt sich daran feststellen, wo und in welchen Mengen er markiert. Eine größere Menge an Urin, meist in der Nähe der Tür, spricht eher dafür, dass der Hund es einfach nicht mehr halten konnte. Er wollte ja gern nach draußen, deshalb die Nähe zur Tür. Aber weil das Öffnen zu lange dauerte oder kein Zweibeiner seine Not erkannt hat, musste er sich leider unmittelbar davor erleichtern. Hunde wie Kenzo dagegen wählen strategischere Punkte, die meist nur mit wenigen Tropfen markiert werden. Es geht darum, Eckpunkte des Territoriums durch dieses geruchliche Signal hervorzuheben. Beliebte Zielobjekte sind auch Gegenstände, die in den Raum hineinragen, wie Tischbeine, Pflanzenkübel oder Ähnliches.

Martin Rütter zu Besuch

Hausbesuche sind im Hundetraining das Beste, um ein Verhalten richtig interpretieren zu können. Denn neben dem, was die Menschen über ihren Hund erzählen, bekommt man allerhand andere Informationen, z. B. wie verhalten sich die Hunde in ihrem Terrain, wie gehen die Menschen mit ihren Hunden um, welches Verhalten ist sowohl für die Zwei- als auch für die Vierbeiner alltäglich? In diesem Fall wurde das, was Frau Eltner und Herr Plumhoff Martin Rütter erzählt haben, wunderbar durch das ergänzt, was man nebenher beobachten konnte. Die beiden Westie-Rüden werden über alles geliebt! Es soll ihnen gut gehen und sie sollen alle möglichen Freiheiten genießen. Und davon gibt es reichlich.

Beim Thema Markierverhalten in der Wohnung können nicht nur territoriale Motivationen des Hundes, sondern auch sexuelle Komponenten eine Rolle spielen. Um zu beurteilen, wie stark sexuell motiviert die beiden Westies sind, werden sie im Freilauf mit Hündinnen und Rüden beobachtet: Kenzo geht neugierig mit erhobener Rute auf Hündinnen zu, Fino hat solches Imponieren weniger nötig. Nach erster Begrüßung sind beide Rüden sexuell schon sehr an der Hündin interessiert, was sich

Kenzo und Fino genießen die Aufmerksamkeit von Frauchen und Herrchen.

am häufigen Schnüffeln im Genitalbereich der Hündin zeigt. Bei Kenzo ist dies noch stärker ausgeprägt als bei Fino, was aber dem Alter der beiden Hunde entsprechend zu erwarten war. Trotz der Anwesenheit einer Hündin haben die beiden Rüden auch viel miteinander zu tun. Sie nehmen häufig Blickkontakt zueinander auf, markieren über und stehen in gewisser Konkurrenz zueinander. Zu Rüden verhalten sie sich distanzierter, aber nicht unfreundlich.

Analyse – Leben in einer Hundewelt

Sofern es die Temperaturen zulassen, stehen die Haus- und Terrassentüren für die beiden Westies offen, sodass ein Kommen und Gehen für die beiden jederzeit möglich ist. Auch jede Ressource ist ständig verfügbar: Futter steht in trockener und feuchter Ausführung zur Verfügung, Spielzeug liegt im Haus und Garten verteilt, mit einem noch so kurzen Blick erreichen sie die Aufmerksamkeit ihrer Menschen, und ins Bett dürfen beide, seitdem die Hunde-im-Bett-Frage damals gestellt wurde, sowieso. Kenzo und Fino bestimmen also, wann sie was machen möchten, und kosten ihre Freiheiten aus.

 Wichtig

Umgang mit Ressourcen

Hunde gehen je nach Persönlichkeitsstruktur anders mit ihnen zur Verfügung stehenden Ressourcen um. Da solche Privilegien in einem Hunderudel meist mit einem höheren Status und dementsprechend mit einer höheren Verantwortung einhergehen, bedeutet diese angebliche Freiheit für viele Hunde Stress. Ein sehr junger Hund, der merkt, dass er die wichtigen Regeln aufstellt, kann damit schnell überfordert sein. Die meisten Verhaltensauffälligkeiten, die sich daraus ergeben, sind das Ignorieren der eigentlich bekannten Signale, sobald man draußen unterwegs ist, das Ziehen an der Leine und das Korrigieren des Menschen durch Anspringen oder Schnappen.

Kenzo ist neugierig und aufgeschlossen. Doch die Kamera darf auf keinen Fall unbeobachtet abgestellt werden.

Training – Privilegien ade!

Da Kenzo durch die vielen Privilegien und dem Verhalten seiner Menschen schnell klar ist, dass er zumindest der angehende Boss dieses Rudels ist, markiert er dementsprechend seinen Besitz. Das ist ganz normales Hundeverhalten!
Was im Eltner-Plumhoff-Westie-Rudel passieren muss, ist eine schrittweise Privilegienentziehung. Kenzo und Fino dürfen und sollen Hunde sein und Hundeverhalten zeigen dürfen. Es muss ihnen jedoch auch klargemacht werden, dass sie in einer Menschenwelt leben. Sie müssen akzeptieren, dass nicht sie die alltäglichen Entscheidungen treffen und dass sie keine Verantwortung tragen. Vor allem muss Kenzo begreifen, dass nicht ihm das Haus gehört, sondern dass er lediglich ein sehr willkommenes „Rudelmitglied" ist, das sich an bestimmte Regeln zu halten hat. Konkret bedeutet dies, dass sowohl die Eingangs- als auch die Terrassentür verschlossen bleiben und nicht auf Wunsch der Hunde geöffnet werden, sondern wenn den Menschen danach ist. Futter gibt es nur in einem kleinen Zeitfenster. Was nicht aufgefressen wird, wird weggestellt.
Auch das Spielzeug wird eingesammelt. Nicht, dass die beiden Hunde nicht mehr spielen dürften, sie sollen nur keinen Besitz mehr haben. Und was den Menschen offensichtlich am schwersten gefallen ist: Raus aus dem Bett mit den Vierpfötern!

Wichtig

Nicht von heute auf morgen

Es empfiehlt sich, solch eine Privilegienreduktion schrittweise durchzuführen, also nicht auf einmal die Welt des Hundes komplett auf den Kopf zu stellen, sondern nach und nach. So haben alle Beteiligten mehr Zeit sich daran zu gewöhnen. Unsichere Hunde können nämlich sehr empfindlich auf eine massive Veränderung in ihrem Alltag reagieren und leiden dann unter zu großem Stress. Haben sie sich jedoch an eine Umstellung gewöhnt, können sie die nächste besser verkraften.

Kenzo lernt, dass er sich nicht um alles selbst zu kümmern braucht, sondern dass er sich auf Herrn Plumhoff verlassen kann.

Auf Freiersfüßen

Auch sexueller Kontakt bzw. die Möglichkeit dazu kann ein Privileg ranghoher Tiere sein. Beim Freilauf mit anderen Hunden waren Kenzo und Fino schon sehr interessiert an Hündinnen, haben dabei aber angemessenes Verhalten gezeigt. Trotzdem schließt Martin Rütter eine Kastration beider Rüden nicht aus. Wird nur Fino kastriert, könnte der wesentlich jüngere Kenzo ganz schnell Oberwasser bekommen. Wird jedoch Kenzo kastriert und erlebt ständig einen sexuell motivierten Fino vor seiner Nase, wird Kenzos Markieren nicht weniger werden, er könnte es im Gegenteil als Kompensation nutzen.

Aufgrund Finos Alter und aufkommenden Herzbeschwerden wurde dann aber doch von der Möglichkeit einer Kastration Abstand genommen.

Martin Rütter erklärt anhand seiner Körpersprache das Imponierverhalten der beiden Westie-Rüden.

Training   165

Info

Kastration

Da eine Kastration ein nicht rückgängig zu machender Eingriff ist, will dies gut überlegt sein. Zu diesem Zweck kann man einen Hund zunächst hormonell kastrieren lassen. Über einen gespritzten Chip werden Sexualhormone freigesetzt, die zunächst zu einem Anstieg des Hormonspiegels führen und im zweiten Schritt zu einem starken Abfall bzw. zur Einstellung der Sexualhormonproduktion, was einer Kastration gleichkommt. Es gibt auch sogenannte chemische Kastrationen oder homöopathische Varianten. Wer hierzu genauere Informationen möchte, fragt am besten einen Tierarzt.

Herr Plumhoff übernimmt die Führung

Bei gemeinsamen Spaziergängen haben die Hunde viel zu viele Möglichkeiten, sich ausschließlich auf sich zu konzentrieren und gemeinsam auf Tour zu gehen. Herr Plumhoff ist dabei eher unwichtig und wird für die beiden Rüden zur Nebensache. Deshalb werden die Vierbeiner für Aktivitäten außerhalb des Hauses getrennt, damit sie Herrn Plumhoff bewusster registrieren und als jemanden erleben, mit dem man zum einen viel Spaß haben kann und der zudem entscheidet, wann was wie gemacht wird. So wird apportiert, Rad gefahren und durch die Gegend getobt.

Die beiden Rüden spielen sich bei Hundebegegnungen zuerst einmal auf.

Jeannette Przygoda wird beim Schreiben neugierig beäugt. Was sie wohl über uns Hunde schreibt?!

Das Training zeigt erste Erfolge

In der ersten Woche nach Martins Besuch schien sich eine Art Wunderwirkung einzustellen: Kenzo hat nicht markiert! Nur leider ist es nicht dabei geblieben und das Pinkeln stellte sich nach einigen Tagen wieder ein. Vor allem Kenzo war zu Beginn so mit den Veränderungen beschäftigt, dass er gar nicht mehr dazu kam, im Haus zu markieren. Er musste erst begreifen, dass sich seine Menschen auf einmal ganz anders verhalten und für ihn längst geklärte Dinge anders bzw. gar nicht mehr funktionieren. Fino versuchte in den ersten Nächten bis zu zwanzig Mal aufs Bett zu springen, wurde aber daran gehindert. Was Futter und Spielzeug angeht, haben sich sowohl die Menschen als auch die Hunde schnell an die Umstellung gewöhnt. Mit den Trainingswochen stellten sich noch andere Veränderungen ein. Kenzo gehorcht und folgt Herrn Plumhoff viel besser, er sucht öfter seine Nähe und macht beim Apportieren prima mit. Auch wenn es schwerfällt, einzeln mit den Hunden spazieren zu gehen, weil jeweils der andere Hund allein zu Hause bleiben muss, zeigen die geänderten Umstände doch deutlich, dass sich etwas im Verhalten der Hunde geändert hat. Was den Eingriff auf die Hormone angeht, schwanken die Ergebnisse. Es gibt Phasen, in denen das Markieren im Haus ganz verschwindet, und dann auch wieder Zeiten, in denen Kenzo Gegenstände markiert. Diese Schwankungen zeigen jedoch deutlich, dass das hundliche Problemverhalten beeinflusst werden kann.

 Info

Couch und Bett

In Hundekreisen heiß diskutiert: Darf der Hund aufs Sofa oder sogar mit ins Bett? Hier kommt es natürlich auf die jeweilige Mensch-Hund-Beziehung an. Im Grunde spricht nichts dagegen, dem Hund auch erhöhte Liegeplätze zu gestatten, wenn einige Voraussetzungen gegeben sind. Stimmt die Beziehung zwischen Hund und Halter, wird der Hund durch diese Privilegien nicht gleich die „Weltherrschaft" übernehmen. Doch sollte der Hund jederzeit den Platz räumen, wenn man es von ihm verlangt. Noch besser: Er geht nur auf das Sofa, wenn man es ihm erlaubt bzw. wenn seine Decke darauf liegt.

Durch die klaren Strukturen kehrt im Hause Eltner / Plumhoff Ruhe ein.

Nur nicht aufgeben!

Die Beziehung zwischen Herrn Plumhoff und Kenzo hat sich jedoch eindeutig zum Positiven gewandelt und die beiden wachsen langsam zu einem Team zusammen. Jetzt muss der rote Faden im Training bzw. im Alltag unbedingt beibehalten werden. Denn nur wenn man den beiden Westies dauerhaft und unbeirrt klarmacht, dass das Haus den Zweibeinern gehört, können es Fino und Kenzo letztendlich auch verstehen. Sind ihre Menschen im Umgang mit ihnen nicht konsequent genug und gestehen ihnen hin und wieder doch wieder Privilegien zu, hören auch die Hunde nicht auf, das Beziehungsgefüge ständig zu hinterfragen. Frau Eltner und Herr Plumhoff müssen also noch eine ganze Weile geduldig ihren Weg verfolgen und dürfen nicht nachgeben.

Frühestens, wenn Kenzo und Fino überhaupt nicht mehr an der neuen Ordnung zweifeln und die Regeln akzeptieren, kann man einen Versuch wagen und sie wieder mit ins Bett nehmen oder auch Spielzeug herumliegen lassen. Nur dann gilt es, ganz genau zu beobachten, ob sich zwischen den Hunden oder zwischen Zwei- und Vierbeinern wieder etwas verändert, damit man im Zweifelsfall eingreifen kann, um dem Wiederaufleben alter Verhältnisse vorzubeugen.

Sammy –
Wenn der Wald ruft …

Vorgeschichte – Vom Angsthasen zum Ausreißer

Sammy ist ein Halbstarker von sechs Monaten, als er bei Nicole Quest einzieht. Obwohl „Halbstarker" etwas übertrieben ist, denn es handelt sich eher um einen Angsthasen im Hundepelz. Entweder kennt er Kinder und aufprallende Bälle aus seinem Vorleben nicht, oder er hat schlechte Erfahrungen damit gemacht. Denn sobald Kinder oder Bälle auftauchten, versuchte sich Sammy schleunigst zu verkrümeln. Aber das ist jetzt gut drei Jahre her. Sammy ist zwar noch nicht der mutigste Hund in jeder Situation, aber im Vergleich zu früher hat sich sehr viel zum Positiven verändert. Ein Talent, das Sammy aus dieser Zeit beibehalten hat, könnte ihn so bekannt wie Houdini machen. Denn Sammy ist Entfesselungskünstler! Wenn ihm was nicht passt, hält ihn weder Leine noch Halsband, er ist dann schon mal weg... Nur kommt er auch nicht so schnell wieder zurück.

Problem – Termine ohne Garantie

Wie gesagt, ein Angsthase ist Sammy inzwischen eigentlich nicht mehr. Jetzt sind es überwiegend andere Situationen, in denen er sich geschickt befreit. Vorzugsweise beim Spaziergang im Wald! Nicht, dass Sammy prinzipiell weglaufen würde. Bei Ausflügen an der Ruhr oder auf freiem Feld ist er prima zu handeln und kommt ziemlich zuverlässig auf Rückruf. Nur im Wald scheint es mit ihm durchzugehen. Da kann man gar nicht so schnell gucken, wie Sammy sich aus angeblich ausbruchsicheren Geschirren befreit. Jetzt könnte man natürlich Waldgebiete schlicht und einfach meiden. Doch Nicole Quest wohnt mit ihrem Partner Thorsten Jansen quasi umgeben von Wald. Für einen Ausflug am Fluss oder über Felder müssten sie jedes Mal das Auto nehmen und lange Wegstrecken und viel Zeit investieren. Der Wald dagegen liegt quasi vor der Haustür, nur ein paar Schritte entfernt.

Spurensuche

Sammy ist also sehr regelmäßig auf Streifzügen durch den Wald unterwegs. Wie lange, hängt von Sammys Lust und Laune ab. Manchmal kommt er auch an seinen Menschen vorbeigaloppiert, zu schnell, um ihn greifen zu können, nur um dann wieder im Wald zu verschwinden. Die meiste Zeit hört und sieht man ihn nicht, dann heißt es nur noch warten und hoffen, dass er nicht über die Straße läuft, die den Wald vom Wohngebiet trennt. In glücklichen Fällen bequemt sich der Herr schon nach zehn Minuten zu seinen wartenden Menschen und ist gewillt, sich anleinen zu lassen. Wenn es schlecht läuft, kann das aber schon mal zwei bis drei Stunden dauern. Mit Sammy spazieren zu gehen, bedeutet also jedes Mal, sehr viel Zeit haben zu müssen, weil man nie genau weiß, wie lange es dieses Mal dauert, bis man gemeinsam wieder den Rückweg antreten kann. Und wie alltagstauglich das ist, kann sich jeder nur zu gut vorstellen. Sammy hat schon einige Tagespläne gesprengt und für erhebliche Verspätungen seiner Menschen gesorgt. Das soll sich nun ändern!

Man sieht es ihm nicht an, aber Sammy ist ein richtiger Ausbruchskünstler.

Martin Rütter zu Besuch

Da Sammy fast täglich ausreißt, lässt dieses Verhalten auch nicht lange auf sich warten, als Martin Rütter zu Besuch kommt. Kaum ist man einige Meter den Waldweg entlanggegangen, fängt es an: Sammy wirkt trotzig, bleibt stehen und versucht kurze Zeit später sich rückwärts aus seinem Geschirr herauszuziehen. Wenn die Leine jetzt nicht sofort nachgegeben wird, ist er weg. Ihn körperlich mit aller Kraft festzuhalten, ist selbst Herrn Jansen kaum möglich, so geschickt windet sich Sammy aus seinen „Fesseln"! Bei einem Spaziergang muss die Aufmerksamkeit immer zu 100 % bei Sammy sein, sonst erkennt man seine Ausbruchansätze nicht und steht plötzlich nur mit der Leine in der Hand da. Martin Rütter erkennt schnell, dass es sich hier um einen absoluten Strategen handelt. Sammy handelt nicht impulsiv und spontan, sondern nutzt gezielt Momente, in denen er tatsächlich die besten Chancen hat, durchzubrennen. Schon nach den ersten Metern im Wald, wenn er noch an der Leine ist, hält er die Nase in den Wind, er wittert die Gerüche des Waldes. Gleichzeitig sucht er die Gegend mit den Augen ab. Zu gern würde er jetzt schon losrennen und den Wald ein bisschen aufmischen.

Sammy ist mit allen Sinnen im Wald unterwegs. Nicht einmal die Leine kann ihn aufhalten.

Martin Rütter zu Besuch | 173

Ein gewohntes Bild –
Frau Quest und Herr Jansen
warten auf ihren Sammy.
Wichtige Termine sollten
da nicht vereinbart werden.

Als Sammy sich dann befreit und sich aus dem Staub macht, hilft jedes Rufen und Locken mit besten Leckereien nichts. Er ist weg und er entscheidet, wann er wieder in die Nähe kommt. Frau Quest und Herr Jansen klappern mit der Leine und gehen letztendlich zum Waldrand zurück, wo sie sich auf die Bank setzen, auf der sie schon zu oft auf ihren Hund gewartet haben. Immerhin gibt es die Sicherheit, dass Sammy früher oder später genau hier auftaucht, das ist so eine Art Deal zwischen den dreien. Als Sammy ziemlich erschöpft, aber gut gelaunt von seinem Ausflug zurückkommt und wieder angeleint ist, wird sein Geschirr erst einmal präpariert – es wird besser an seinen Körper angepasst, damit er sich nicht so schnell herauswinden kann. Zusätzlich werden Halsband und Brustgeschirr miteinander verbunden. Dafür eignet sich ein Leinenverbindungsstück, das man normalerweise zum Ausführen von zwei Hunden an einer Leine verwendet.

Analyse – Erwachsener Stratege

Nur zu Hause ist die Welt in Ordnung und Mensch und Hund können die Seele baumeln lassen.

Sammy ist eine echte Herausforderung. Als sich Nicole Quest für einen Hund entschied, hatte sie wie die meisten anderen Hundehalter die Vorstellung von einem netten, unkomplizierten Begleiter im Kopf. Ein Hund, den man überallhin mitnehmen kann und der auch mal so nebenherläuft. Das ist Sammy aber definitiv nicht. Er ist ein ernsthafter Jäger, ein selbstständiger Hund, der nicht so sehr auf seine Menschen angewiesen ist. Für Sammy ist das kein Problem, aber seine Menschen treibt er damit manchmal zur Verzweiflung.

Wenn Sammy sich doch nur immer so brav verhalten würde wie zu Hause, denn da gibt es keinerlei Reibungspunkte. Damit dieser Zustand auch draußen ansatzweise erreicht wird, muss sich Frauchen zukünftig anders verhalten, wenn sie mit Sammy unterwegs ist. Vor allem muss sie sich erst einmal von dem Gedanken verabschieden, Spaziergänge für die Entspannung und zum Seele-baumeln-Lassen zu nutzen.

Training – Vom Frauchen zur Jägerin

Sammy braucht eine Beschäftigung, die seinen Interessen entspricht und ihn zur Zusammenarbeit mit seinen Menschen bewegt. So kommt er erst gar nicht auf den Gedanken, allein den Wald zu erkunden. Frau Quest und Herr Jansen müssen vom bloßen „Anhängsel" an der Leine zu Jägern mutieren, die immer wissen, wo es die beste Beute gibt. Wichtig ist in der Anfangszeit vor allem, nicht um Sammys Aufmerksamkeit zu buhlen. Er soll merken, dass es für ihn nur von Vorteil ist, sich an seinen Menschen zu orientieren.

Viele Hunde sind nur deshalb so ignorant, weil sie sich der Aufmerksamkeit ihrer Menschen zu sicher sind. Die Vierbeiner haben gelernt, dass sich die Menschen bemerkbar machen, bevor sie einen anderen Weg einschlagen oder nach Hause gehen. Welchen Grund sollten Hunde also haben, sich nach ihren Menschen umzuschauen? Machen Hunde dagegen die Erfahrung, dass sie aufmerksam bleiben müssen, weil sich ansonsten ihr Mensch versteckt hat oder bereits ziemlich weit in eine andere Richtung verschwunden ist, gewöhnen sie sich an, von sich aus den Anschluss nicht zu verlieren und öfter zu prüfen, wo ihre Menschen stecken.

 Info

Fehlende Lernerfahrung

Manche Hunde haben mangelnde Erfahrungen mit Menschen in ihren ersten Lebensmonaten oder einfach nie gelernt, dass Zweibeiner auch Teamkollegen sein können. Es ist ihnen völlig fremd, sich auf einen Menschen einzulassen oder gar mit ihm zusammenzuarbeiten, um ein für Hunde spannendes oder wichtiges Ziel zu erreichen. Sie gehen lieber ihre eigenen Wege, ignorieren ihren Menschen (zumindest, wenn sie aus ihrer Sicht mit viel interessanteren Dingen beschäftigt sind) und sind im Großen und Ganzen autark. Das ist keine „böse" Absicht, sondern in diesen Fällen eine fehlende Lernerfahrung, die jedoch teilweise mit Training ausgeglichen werden kann.

Zuerst wird die Beute (Futter) an einer markanten Stelle im Wald ausgelegt, während Sammy in Entfernung warten muss.

Menschen wissen, was sie tun ...

In der Praxis sieht das so aus, dass einer der Zweibeiner zu einer beliebigen Stelle geht, ohne Sammy vorher angesprochen oder gelockt zu haben. Mit der Hand oder einer kleinen Schaufel scharrt man dann am Boden und beschäftigt sich intensiv mit einer Stelle. Es passiert, was passieren muss: Sammy wird neugierig. Sein Mensch scheint da etwas ganz Spannendes entdeckt zu haben, da muss er doch mal nachschauen. Nähert sich Sammy der Stelle, legt man ein paar Stückchen Futter an diese und geht kommentarlos zu einer beliebig anderen Stelle, an der das Spiel wiederholt wird. Sammy macht auf diese Art die Erfahrung, dass seine Menschen zum einen aus seiner Sicht vernünftige Dinge tun, sie jagen. Zum anderen haben sie dabei auch noch Erfolg und lassen ihm ein paar Brocken der Beute übrig. Die Menschen, die sonst immer nur dekorativ an der Leine hingen, haben plötzlich richtig was auf dem Kasten! Nachdem Sammys Interesse geweckt wurde, wird das Futter in eine

Danach darf er mithilfe von Frauchen auf Spurensuche gehen.

robuste Plastikflasche gefüllt, die nicht so leicht zu zerstören ist. Ansonsten wird nach demselben Schema verfahren. Hintergedanke dabei ist, dass Sammy nun nicht mehr einfach so an das Futter kommen soll, sondern die Hilfe seiner Menschen benötigt. Ihm soll präsent werden, dass seine Menschen ausschlaggebend für den Erfolg sind.

Zusammenarbeit

Martin Rütter entlässt die drei nach seinem ersten Besuch mit der Aufgabe, dies nun zu variieren, also zum Beispiel das Futter zuerst an verschiedenen Stellen zu verstecken, während Sammy in der Nähe angeleint wartet. Dann nähert man sich gemeinsam den Fundstellen und Frau Quest oder Herr Jansen geben das Startsignal zum Suchen und zeigen in die Richtung, wo die Futterflaschen liegen. Hier haben die Menschen ein wenig die Chance, vor ihrem Hund anzugeben, denn sie wissen ja genau, wo das Futter ist, sind also die Superjäger.

Markante Stellen

Die Orientierung im Wald kann schnell zum Problem werden, vor allem, wenn man sich ein paarmal im Kreis gedreht hat. Dann ist es gar nicht mehr so einfach sich zu merken, wo genau das Futter versteckt wurde. Frau Jansen hat sich deshalb Pappdeckel mitgenommen, um die Futterstellen zu markieren. Eine gute Idee, allerdings sticht nicht nur Menschen der helle Deckel auf dunklem Waldboden ins Auge, auch Hunde können das erkennen. Und mit Pech trainiert man Hunde auf das Erspähen der Pappdeckel und nicht auf das Orientieren am Menschen. Da Markierungen aber notwendig sein können, empfiehlt es sich, die Art der Markierung zu verändern, damit sich der Hund nicht auf etwas Bestimmtes fokussiert. Mal sind es Pappdeckel, mal werden unauffälligere Tannenzapfen in den Boden gesteckt. Es bietet sich auch an, Bäume auf Augenhöhe des Menschen mit bunter Wolle oder Kreide zu markieren, wenn sich die Futterstelle darunter verbirgt.

Trainingsvariationen

Für die nächsten Tage haben Zwei- und Vierbeiner nun genug zu üben, dann wird es bei einem Hund wie Sammy jedoch Zeit für neuen Input. Auch wenn es sich zunächst um eine spannende Sache handelt, besteht die Gefahr, dass er das schnell langweilig und wenig abwechslungsreich findet. Deshalb wird ihm in einem nächsten Schritt das Apportieren beigebracht, um im täglichen Training mehr Variationsmöglichkeiten zu haben.

Gerade wissbegierigen Hunden wird eine Trainingsvariante schnell langweilig. Deshalb lernt Sammy nicht nur auf Spurensuche zu gehen, sondern darf auch noch Apportieren.

Neben aller Beschäftigung sind auch Ruhephasen wichtig.

Ablenkungsfreie Umgebung

Lernt ein Hund etwas ganz Neues, wie Sammy das Apportieren, sollte man eine möglichst ablenkungsfreie Umgebung wählen, damit sich alle Beteiligten auf die neue Aufgabe konzentrieren können und es sich nicht unnötig schwer machen. Sobald die Aufgabe jedoch klar ist, ist es wichtig, dem Hund das Training mit dem damit verbundenen Futtererwerb nur noch draußen anzubieten, idealerweise und in diesem Fall nur noch im Wald. Denn jetzt bekommt der Hund eine Alternative zu seinem sonst gezeigten Verhalten angeboten. Er hat die Wahl: Sich aus dem Staub machen oder auf das Angebot seines Menschen eingehen und dafür mit Jagdspielen und anschließendem Futtererfolg belohnt werden? Der Wald wird so zu einem spannenden Kommunikationsfeld zwischen Mensch und Hund!

AUS DER PRAXIS

Auf der Jagd

Die Lieblingsbeschäftigung unzähliger Hunde ist deren Haltern ein Dorn im Auge: das Jagen! Und Jagen tun bzw. könnten sie alle, egal ob Jagdhundrasse oder Promenadenmischung. Aber warum jagen unsere Haushunde überhaupt? Schließlich sind sie von uns Menschen doch bestens versorgt; sie bekommen täglich ihren Napf gefüllt und haben deswegen den Himmel auf Erden, oder? Von einer biologisch-funktionalen Jagd, die das Überleben des jeweiligen Hundes sichert, kann jedenfalls nicht mehr die Rede sein. Es ist eigentlich ganz einfach, denn die Jagd macht Hunden viel Spaß. Dabei ist es egal, ob die Beute tatsächlich erwischt wird oder fliehen kann. Manche Hunde wissen auch gar nichts mehr mit der Beute anzufangen und würden eher mit der Maus spielen, als sie zu fressen. Das liegt daran, dass Hunde durch Zuchtauslese auf bestimmte Teile der Jagd spezialisiert wurden und dementsprechend andere Teile nicht mehr zum Verhaltensrepertoire gehören. Pointer pirschen sich beispielsweise an die Beute an und zeigen durch ihr Vorstehen (das Anheben eines Vorderlaufs) an, dass sie auf etwas gestoßen sind. Bei Windhunden ist das Hetzen und Packen der Beute viel ausgeprägter. Nordische Rassen zeigen oft noch sehr ursprüngliches Verhalten und damit komplette Jagdsequenzen. Das bedeutet, die Beute zunächst zu lokalisieren, zu orten, um sie anschließend zu fixieren. Um möglichst nah heranzukommen, pirschen sich die Beutegreifer so lange an, bis sie glauben, das Objekt der Begierde erwischen zu können. Dann, oder wenn die Beute sich bewegt, setzt der Hund zum Sprint an – oder zum sogenannten Mäuselsprung, bei dem er in die Luft springt, um dann mit allen vier Pfoten auf der in diesem Fall

kleinen Beute zu landen. Sobald die Beute erwischt ist, egal ob durch Hatz oder Sprung, erfolgt das Packen und schließlich das Töten der Beute. Mäuse sind oft schon durch den Aufprall der Hundepfoten tot, Beutetiere in Hasengröße werden geschüttelt, was ihnen die Wirbelsäule bricht. Größere Beutetiere sterben an diversen Bissverletzungen. Auch wenn sich das für uns ziemlich brutal anhört und keine schöne Vorstellung ist, für Hunde ist das ein Instinkt, also ganz normales, arttypisches Verhalten. Die meisten Hunde beschränken sich auf das Orten und Verfolgen und führen weitere Jagdsequenzen nicht mehr aus. Genau dieses Verfolgen ist es nämlich, was unsere Vierbeiner beim Jagen so mit Glück erfüllt! Ausgelöst wird die Jagd oft durch die Bewegung des Beutetiers. Solange ein Hase regungslos im Feld sitzt, ist er meist gar nicht so spannend.

Da das Jagen für Hunde das Selbstverständlichste auf der Welt ist, ist auch naheliegend, wie frustrierend es für unsere Vierbeiner sein muss, wenn ihnen das von ihren Menschen immer nur verboten wird. Aber Menschen können immerhin Alternativen schaffen! Mit Ersatzbeute (Spielzeug, Dummies etc.) und der gemeinsamen Jagd darauf können Spaziergänge abwechslungsreich gestaltet werden. Zu beachten ist jedoch, dass sich die Ersatzbeute auch wie Beute „benehmen" sollte, um interessant zu sein. Konkret bedeutet das, dass der Ball oder das Dummy an einer Schnur eben nicht auf den Hund zufliegen sollte, denn welches Reh läuft schon auf seinen Verfolger zu? Erst die Bewegung weg vom Hund löst bei diesem den Impuls des Hinterherlaufens aus und macht es dann erst richtig spannend für ihn!

Ohne Worte!

Dibo – Alles unter seiner Kontrolle

Vorgeschichte – Vom Sträfling zum Staatsanwaltshund

Die neue Herausforderung der Familie Bartz: Dibo.

Dibo befindet sich aufgrund einer Sicherstellung hinter Gittern, als Magdalena und Stephan Bartz ihn das erste Mal im Tierheim besuchen. Und es war Liebe auf den ersten Blick bei allen Beteiligten! Der jugendliche Herr wurde in der nächsten Zeit oft ausgeführt, damit sich alle besser kennenlernen konnten, und schnell war klar: Dibo wird das neue Familienmitglied! Aber nicht nur von seiner Art und vom Wesen her passt Dibo wunderbar zu seinen neuen Menschen, auch farblich integriert er sich hervorragend. Denn zu seiner neuen Familie gehören bereits zwei weiße Pferde, und wenn man Autos auch dazuzählen möchte, gibt es dieses Exemplar im Hause Bartz natürlich auch in Weiß!

Problem –
Unvereinbarkeit der menschlichen Interessen

Magdalena und Stephan Bartz sind glücklich mit ihrem Neuzuwachs! Jetzt müssen sie nur noch ein bisschen üben, um mit ihrem Dogo-Argentino-Mix den Test für die Leinen- und Maulkorbbefreiung zu bekommen und um aus ihrem Liebling einen zuverlässigen Reitbegleithund zu machen. Letzteres ist jedoch leichter gesagt als getan, denn Dibo entpuppt sich als wildes Tier, wenn ein Pferd in seine Nähe kommt. Ganz schlimm wird es, wenn sich einer seiner Menschen dreisterweise auch noch auf dem Pferd befindet. Dann hört seiner Meinung nach der Spaß auf! Er springt in die Leine und tobt wie wild. Zum Glück hat er sich noch nie losgerissen, und die Tatsache, dass er einen Maulkorb trägt, beruhigt etwas. Der Traum vom friedlichen und entspannten Ausritt mit Hund ist jedenfalls geplatzt, und es stellt sich die Frage, ob Hund und Pferd jemals unter einen Hut gebracht werden können.

Ganz nebenbei fängt Dibo auch noch an, die Wohnungseinrichtung zu zerlegen, wenn er allein zu Hause bleibt. Er spezialisiert sich dabei auf weiche Textilien wie Teppiche oder Kissen, und als alles entfernt wird, muss eben das Polster des Sofas daran glauben. Doch das ist zu viel des Guten, und es muss sich dringend etwas verändern.

Faible für weiße Tiere! Allerdings hat Frau Bartz ihr Pferd momentan noch besser im Griff als ihren Hund Dibo. Dieser trägt zur Sicherheit noch einen Maulkorb, da man nicht weiß, ob er das Pferd tatsächlich verletzen würde.

Martin Rütter zu Besuch

Auch wenn die Hauptsorge die Unvereinbarkeit von Pferd und Hund ist, ist es immer ratsam, sich ein Bild der gesamten Situation zu machen. So bekommt man als Hundetrainer ein facettenreiches Bild sowohl des Hundes als auch seiner Menschen und vor allem von deren Zusammenleben und Umgang miteinander. Und je mehr Informationen man über alle Beteiligten hat, desto genauer kann der Trainingsplan erstellt werden. Deshalb findet das erste Treffen mit Martin Rütter auch nicht direkt am Pferdestall, sondern zunächst in den eigenen vier Wänden statt. Dibo ist bei dieser Visite unruhig und läuft viel umher. Das ist jedoch beim Besuch völlig fremder Menschen und der Aufregung, die ein Kamerateam mit sich bringt, durchaus normal. Trotzdem fällt auf, dass Dibo ein bisschen unstrukturiert wirkt. Auch kein Wunder, befindet er sich doch gerade erst ein paar Wochen in seinem neuen Zuhause.

Beutegreifer trifft Fluchttier

Nach diesem ersten Eindruck und dem Aufnehmen aller bisherigen Dibo-Schandtaten, geht es gemeinsam zu den großen weißen Tieren, die ein paar Kilometer weiter untergebracht sind. Was beim Zusammentreffen von Beutegreifer Dibo mit Fluchttier Picasso, so heißt das Pferd von Frau Bartz, besonders auffällt, ist Picassos Gelassenheit. An Flucht scheint das Pferd

 Tipp

Strukturen geben Sicherheit

Anstatt seinem Hund alle Freiheiten zu geben, ist es am Anfang ratsam, klare Regeln und Strukturen aufzustellen, damit der Hund nicht jeden Tag aufs Neue herausfinden muss, was heute gilt. Klare Ansagen dem Hund gegenüber werden von Menschen oft als gemein empfunden, dabei ist das Gegenteil der Fall. Halten Sie sich z. B. in einem fremden Land auf, dann ist es Ihnen doch auch lieber, wenn Sie den Verhaltenskodex nicht erst mühsam erforschen müssen.

Martin Rütter zu Besuch | 189

Dibo fixiert das Pferd ...

... um im nächsten Moment zum Angriff überzugehen.

Doch wie sich herausstellt, geht es Dibo nicht ausschließlich um das Pferd. Seine „Ausraster" zeigt er auch, wenn Frau und Herr Bartz ohne Pferd unterwegs sind.

Tipp

Maulkorbgewöhnung

Tragen Hunde bei Tests einen Maulkorb, sollten sie bereits sehr gut an ihn gewöhnt sein. Das „Fremdkörpergefühl" kann das Testergebnis nämlich insofern verfälschen, dass ein Hund durch einen störenden Maulkorb zu stark vom Geschehen abgelenkt wird und dementsprechend viel gemäßigter reagieren könnte, als er es eigentlich tun würde.

Dibo ist sehr interessiert an Hündinnen. Mit Aggression muss man bei diesem Zusammentreffen nicht rechnen.

nicht einmal zu denken. Und obwohl Dibo wie ein Flummi vor ihm auf und ab springt, es offensichtlich auch auf ihn abgesehen hat, bleibt Picasso die Ruhe selbst. Das sind schon mal die besten Voraussetzungen für ein erfolgreiches Pferd-Hund-Training. Denn wenn beide Tiere nervös und gestresst sind, hat man denkbar schlechte Karten.

Martin Rütter macht ein paar Tests, um ein genaueres Bild zu bekommen. Es gilt herauszufinden, ob Dibos Aufregung tatsächlich durch das Pferd ausgelöst wird oder etwa durch das Wegbewegen und die Dynamik seiner Menschen. Und wie verhält sich Dibo, wenn eine fremde Person das Pferd vorbeiführt?

Kontakt mit anderen Vierbeinern

Um noch genauer herauszufinden, wie Dibo „tickt", werden die drei zu einem zusätzlichen Termin nach Bonn auf die Trainingswiesen bestellt. Hier trifft Dibo fremde Hunde, sowohl Rüden als auch Hündinnen, die auf der anderen Seite des Zauns frei laufen. Dibos Verhalten ihnen gegenüber soll beurteilt werden. Aber nicht nur das, auch seine Reaktion darauf, wenn sich Herrchen und Frauchen mit dem anderen Hund beschäftigen. Gibt es Aggressionen oder Eifersuchtsszenen? Nein, alles ganz harmlos. Was andere Hunde angeht, ist Dibo entspannt. Auch gegenüber fremden Menschen verhält er sich freundlich. Das sind wichtige Punkte in Bezug auf den bevorstehenden Test zur Leinen- und Maulkorbbefreiung.

Zügig kann die Hündin von der anderen Seite des Zauns auf die Wiese kommen. Und auch auf den Maulkorb kann schnell verzichtet werden. Denn an der gesamten Körpersprache kann

> **Info**
>
> **Leinen- und Maulkorbbefreiung**
>
> Bei dieser Prüfung wird das Verhalten von Hunden in alltäglichen Situationen überprüft. Weiterhin wird darauf geachtet, wie der Hundehalter seinen Hund durch solche Situationen führt und inwieweit er seinen Hund unter Kontrolle hat. Was jedoch genau unter „alltäglichen Situationen" zu verstehen ist, kann von Bundesland zu Bundesland oder sogar von einem zuständigen Bezirk zum nächsten variieren. Typische Beispiele sind das Reagieren auf Radfahrer und Kinderwagen, auffällig gekleidete oder spontan auftauchende Personen oder auf das Bedrängtwerden von fremden Menschen. Aber auch der Grundgehorsam gehört dazu.

man erkennen, dass Dibo sehr freundlich ist. Mit Aggressionen muss man hier nicht rechnen. Das ändert sich, als ein Rüde auf der anderen Seite des Zauns erscheint, denn nun treffen zwei Konkurrenten aufeinander, die beide Interesse an potenziell zur Verfügung stehenden Hündinnen haben. So lässt ein Knurren und Zähnefletschen nicht lange auf sich warten, wobei hier nicht Dibo der Aggressor ist. Er würde sich sicher wehren, wenn es zu einer ernsten Situation kommen würde, doch er ist kein Hund, der die Auseinandersetzung mit anderen sucht. Auch bleibt er nicht lange in einem angespannten Zustand, sondern entspannt sich schnell wieder.

Vorsichtig nähert sich Dibo der Konkurrenz – einem anderen Rüden. Der wiederum stellt klar, dass er keinen Wert auf näheren Kontakt legt.

Analyse – Anders als gedacht

Nach all diesen Tests ergibt sich für Herrn und Frau Bartz ein überraschendes Bild: Zwar findet Dibo Pferde ganz interessant, das ist nichts Neues. Viel spannender sind für ihn aber generell dynamische Bewegungen, vor allem, wenn seine Menschen anfangen zu laufen und zu hüpfen. Wenn Dibo die Wahl hat, einem Pferd hinterherzubellen oder seinen hin und her springenden Menschen, entscheidet sich der Dogo-Argentino-Mix für die Menschen. Ihn macht es regelrecht wütend, dass seine Menschen so unkontrolliert durch die Gegend laufen, und wenn er könnte, würde er sie am liebsten mit Anspringen korrigieren und sie wieder zum Stehen bringen.

Auch als Herr und Frau Bartz im Bonner „Zentrum für Menschen mit Hund" mit dem fremden Hund spielen, ist Dibo zwar interessiert, aber im anschließenden Freilauf immer noch freundlich und in keiner Weise an einer Maßregelung seiner Menschen interessiert, wie es bei den Pferden der Fall war. Allerdings offenbart sich ein nicht bekanntes Verhalten bei Dibo. Bisher schien er überhaupt kein sexuelles Interesse anderen Hunden gegenüber zu haben, hier schnuppert er bei der Hündin aber ausgiebig im Genitalbereich und zeigt leichte Ansätze von Aufreitverhalten.

Dibo möchte so gern zu seinen Menschen. Er soll aber lernen, dass dies für ihn nicht immer möglich ist.

Beim ersten Besuch von Martin Rütter zu Hause hatte sich gezeigt, dass Dibo noch nicht ganz dort angekommen ist, noch etwas strukturlos von A nach B läuft usw. Doch Dibo reagiert gut auf das Training und ist lernwillig. Was die Beziehung von Dibo zu Herrn und Frau Bartz und zu den Pferden angeht, muss jedoch noch einiges an Arbeit und Training geleistet werden, um aus Dibo ein Familienmitglied zu machen, das am Pferd mitlaufen kann und überallhin mitgenommen werden kann.

Pause für Magdalena und Stephan Bartz. Martin erläutert dem Fernsehzuschauer derweil das bisher Geschehene.

Training – Mit Frust umgehen lernen

Als Grundvoraussetzung zu mehr Gelassenheit muss zunächst Dibos Frustrationstoleranz erhöht werden. Das kann durch verschiedene kleine Gesten im Alltag geschehen oder, wie auf den eingezäunten Wiesen in Bonn, durch eine konkrete Übung. Frust entsteht, wenn nicht das passiert, was der Vierbeiner will oder erwartet. Da Dibo zu Hause viel hinterherläuft oder bei den Pferden seine Menschen korrigieren möchte, soll er lernen, dass er nicht ständig beliebigen Zugriff auf seine Halter hat. Dazu wird er am Zaun festgebunden und Herr und Frau Bartz entfernen sich in kleinen Teilschritten von ihm. Sobald Dibo merkt, dass er nicht so einfach hinterherkann, entsteht Frust bei ihm, den er mit Winseln oder In-die-Leine-Beißen kompensiert. Magdalena und Stephan Bartz haben nun die Aufgabe, sich Dibo erst dann wieder anzunähern, wenn dieser entspannt ist,

Dibo beschwert sich zuerst lautstark über die Distanz zwischen ihm und seinen Menschen, bevor er sich dann doch für ruhiges und abwartendes Verhalten entscheidet.

Da alles Aufregen nicht zum Erfolg führt, kann man sich auch ebenso gut hinlegen und anschließend entspannen.

sprich, wenn er nur so dasitzt oder im Idealfall liegt. Dadurch lernt Dibo, dass er mit lautstarken Äußerungen und Unruhe nichts erreicht; er bekommt einfach nicht die Aufmerksamkeit seiner Menschen. Ist er aber ruhig, abwartend und entspannt, hat er gute Chancen, dass man sich wieder um ihn kümmert. Zu Beginn ist das ein sehr zeitaufwendiges Training, da der eine oder andere Hund ein unglaubliches Durchhaltevermögen unter Beweis stellen kann. Ist das Prinzip erst einmal verstanden, entspannen sich Hunde ziemlich schnell. Geduld ist hier der Schlüssel zum Erfolg!

Entspannung auf der Decke

Auch zu Hause kann an der Erhöhung von Dibos Frustrationstoleranz gearbeitet werden. Er muss von nun an häufiger auf seiner Decke bleiben und darf nicht ständig hinterherlaufen. Dibo hat das schnell begriffen, weil für ihn nur Vorteile damit verknüpft sind. So wird er nicht mit einem bereits angenervten Tonfall auf die Decke geschickt, wenn er das Hinterherlaufen mal wieder übertreibt, sondern er soll selbst die Erfahrung machen, dass für ihn die Decke ein optimaler Aufenthaltsort ist. Legt er sich woandershin, kann er komischerweise nie lange dort liegen bleiben, weil ausgerechnet gerade dort gewischt werden muss oder jemand die Schublade hinter ihm aufzieht. Alles Maßnahmen, um es Dibo unbequem zu machen, ohne ihn mit Aufmerksamkeit zu überschütten.

Tipp

Bezugsperson im Training

Wenn zwei oder mehr Personen beim Üben mit dem Hund anwesend sind, ist es ratsam, dass jeweils nur eine das Sagen hat. Denn wenn die eine Person beispielsweise ein „Bleib" ausspricht und eine andere dieses Signal wieder auflöst, kann das zu Unklarheiten beim Training und zur Verwirrung beim Hund führen. Ist ein Trainingsdurchgang beendet, kann beim nächsten gern die andere Person das Training übernehmen.

Schnell begreift Dibo, dass er seine Ruhe offensichtlich nur haben kann, wenn er auf seiner Decke liegt. Und siehe da, jetzt kommen ihn seine Menschen sogar mal besuchen, streicheln ihn oder bringen Leckereien vorbei. Da das sonst nicht passiert, sucht Dibo ganz automatisch von sich aus seine Decke auf.

Signal „Bleib"

Dibo lernt, auf das Signal „Bleib" zuverlässig auszuharren, egal was um ihn herum passiert. Auch hier geschieht das Training natürlich in kleinen Schritten. Zunächst entfernen sich seine Menschen nur ein paar Schritte, dann immer weiter in einem größeren Radius um ihn herum. Dann wird das Ganze erschwert, indem reizvolle Dinge in Dibos Blickfeld gelangen, er aber trotzdem liegen bleiben muss. Das kann der Lieblingshundekumpel sein oder ein Schweineohr – Dibo soll bleiben. Tut er das, wird er selbstverständlich reich belohnt, denn es soll für ihn nur von Vorteil sein, sich auf das „Bleib" einzulassen. Dann werden seine Menschen immer dynamischer, während Dibo bleibt, und zu guter Letzt werden an Dibo Pferde vorbeigeführt, mit und ohne Reiter. Das klappt überraschend gut, sodass der Rüde schon bald an der Leine neben dem Pferd her geführt wird, auch das in kleinen Teilschritten. Während Frau Bartz Picasso führt, hat Herr Bartz Dibo an der Leine. Erst mit, dann ohne Maulkorb. Dann reitet Frau Bartz auf Picasso, Herr Bartz hält Dibo an der Leine, auch wieder erst mit, später ohne Maulkorb. Die Rollen werden gewechselt, und Dibo ist gleichbleibend ruhig, egal wer auf dem Pferd sitzt. Zusätzlich wird er an der Leine mit in den Stall genommen, während die Pferde für den Ausritt zurechtgemacht werden; er liegt neben dem Paddock, in dem sich die Pferde aufhalten usw. Langsame Gewöhnung Schritt für Schritt!

Eine gute Zukunft in Sicht

Da die Übungen wunderbar funktionieren, wagen Magdalena und Stephan Bartz den nächsten Schritt, vorsichtshalber auch wieder mit Maulkorb: Jeder besteigt sein Pferd und sie lassen Dibo nebenhergehen – es funktioniert! Jetzt nur nicht übermütig werden, denn gleich loszutraben oder zu galoppieren könnte das schöne Erfolgserlebnis wieder zunichte machen. Aber die beiden machen alles richtig und haben ein gutes Gespür dafür, wann man Dibo mehr zumuten kann und wann man besser aufhören sollte. In nächster Zeit muss Dibo nur noch lernen, am Pferd konzentriert bei Fuß zu gehen. Ohne Pferd klappt das bereits ganz gut. Durch die räumlichen Einschränkungen, die Dibo erfahren hat, die klaren Signale, die er von seinen Menschen empfängt, und die Beanspruchung durch das Training, lässt auch seine Zerstörungswut beim Alleinbleiben nach. Alles in allem ein schönes Beispiel dafür, was man nach einigen Wochen ganzheitlichem Training alles erreichen kann. Fast unnötig zu sagen, dass Dibo auch den Test zur Leinen- und Maulkorbbefreiung bestanden hat!

Dibo hat andere spannende Dinge in seiner Umwelt entdeckt. Das Pferd hinter ihm interessiert ihn jedenfalls nicht mehr.

Sam –
Auf Bewährungsprobe

Vorgeschichte –
Ein großer Wunsch wird endlich wahr

Babette Utsch wollte schon immer einen Hund. Ihr Mann Michael musste ein bisschen überredet werden, willigte aber nach gewisser Hartnäckigkeit seiner Frau ein. Im April letzten Jahres war es dann so weit: Sam zog ein! Er war zu diesem Zeitpunkt erst sechs Monate alt, hatte allerdings schon drei Vorbesitzer. Sein Leben war bis dahin nicht immer glücklich verlaufen, denn er ist zudem noch ein Hund aus sogenannter schlechter Haltung. Wer würde da beim Anblick dieses Halbstarken kein Mitleid empfinden? Also kommt Sam zu Utschs nach Siegen. Anfangs sieht alles ganz gut aus. Aber so ist das häufig in der ersten Zeit, denn alle müssen sich erst kennenlernen und aneinander gewöhnen. Sam ist dementsprechend vorsichtiger und zurückhaltender, bevor dann nach der Eingewöhnungsphase sprichwörtlich die Sau rausgelassen wird.

Problem – Paradebeispiel eines Problemhundes

Inzwischen ist es Sommer, Sam ist seit ca. vier Monaten in seinem neuen Zuhause, und Frau und Herr Utsch befürchten, dass sich Sam bald an einen fünften Besitzer gewöhnen muss, wenn es so weitergeht. Das Ergebnis aus Sams Anwesenheit lässt sich kurz gefasst unter „zerstörtem Inventar" zusammenfassen. Zu seiner Bilanz gehören nicht nur etliche Bücher, die er aus den Regalen gerissen hat – um sie dann selbstverständlich aufs Ordentlichste zu zerfetzen. Er macht auch vor Bildern keinen Halt, vom Herausreißen diverser Rollos aus deren Halterungen ganz zu schweigen. Aber es geht noch weiter: Die Rückwand des Aquariums musste daran glauben, ebenso wie diverse Tischbeine. Das passiert nicht nur, wenn er allein ist. Sam hat wenig Bedenken, Sachen einfach zu klauen und zu demolieren. All das führt dazu, dass es bei Familie Utsch selbst im Hochsommer weihnachtlich aussieht, denn die Alufolie, die zum Schutz um Bücherregale und Tischbeine gewickelt wurde,

Problem | 201

Im Hause Utsch klitzert und funkelt es – nicht nur in der Weihnachtszeit. Alufolie schützt die Tischbeine vor Sams Zerstörungswahn.

glänzt und funkelt überall im Haus. Eine etwas andere Deko eben! Aber wer glaubt, dass Sam draußen dafür brav und lieb ist, irrt gewaltig. Nicht, dass er nur andere Hunde tierisch beschimpft, er bellt auch gern Zweibeiner an. Dabei entwickelt er so viel Energie, dass er Frau Utsch schon mehrfach Wirbel ausgerenkt hat, und selbst Herr Utsch, der mit seinen zwei Metern Körpergröße einiges dagegenhalten kann, hat Schwierigkeiten, Sam zu halten. Ohne Leine sind seine Pöbeleien zwar geringer, aber dann hört er nur, wenn es ihm gerade passt. Letztendlich liefert Sam fast alles, was ein „Problemhund" so können muss, und Utschs müssen leider einsehen, dass bei Sams Anschaffung eindeutig das Herz über den Verstand gesiegt hat. Zunächst herrscht noch das Motto „Augen zu und durch" vor, aber als sie dann auch noch aus einer Hundeschule hinausfliegen, wird die Verzweiflung immer größer. Und so bekommt das Zusammenleben mit Sam eine Frist gesetzt. Wenn sich in den nächsten sechs Monaten nicht merklich etwas verändert, muss schweren Herzens eine Trennung erfolgen.

Martin Rütter zu Besuch

Da Sam quasi die ganze Palette von Problemen im Zusammenleben mit Hunden liefert, muss Martin Rütter zunächst einmal genauer differenzieren, um was es wirklich geht. Als ein Element wird die Bindung zwischen Sam und seinen Menschen getestet. Dafür sollen sich Frau und Herr Utsch auf einer Wiese voneinander entfernen und ihren Hund abwechselnd rufen. Da Sam ein großer Fan von Bällen ist, bekommt in einer zweiten Runde erst der eine, dann der andere einen Ball als Lockunterstützung in die Hand. Das Abrufen wird damit wiederholt. Sam ist ziemlich aufmerksam und kommt brav angelaufen. Die Person, die den Ball in der Hand hat, ist dabei nur ein wenig im Vorteil. Als Nächstes folgt der sogenannte Wechsellauf. Frau und Herr Utsch gehen gemeinsam zügigen Schrittes über die Wiese, und zwar mit der Aufgabe, Sam nicht sehen zu wollen. Kommt ihr Hund also in ihre Nähe oder überholt er sie sogar, wechseln Utschs abrupt die Richtung, ohne Sam dabei zu beachten. Das wird mehrfach wiederholt, sodass daraus der Verlauf der Richtungsänderungen durchaus als ein „Hakenschlagen" bezeichnet werden kann.

Sam nimmt schnell Kontakt zu Martin und dem Kamerateam auf.

Info

Wechsellauf

Hier verhalten sich Menschen, aus Hundesicht betrachtet, stark territorial, da sie den Ort ganz selbstverständlich für sich einnehmen. Beim Wechsellauf denkt der Hund zuerst, es würde in eine bestimmte Richtung weitergehen, und läuft deshalb schon mal vor. Sobald er jedoch überholt, wechseln die Zweibeiner die Richtung. Meist läuft der Hund dann etwas verdutzt wieder zurück, an seinen Menschen vorbei nach vorn. Da die Hundehalter jetzt schon wieder die Richtung verändern, finden das viele Hunde frech. Frust macht sich breit, weil sie verunsichert sind, in welche Richtung es weitergeht. Dieser Stress veranlasst einige dazu, ihre Menschen zum Stehen zu bringen. Denn wenn die Zweibeiner brav im „Bleib" auf der Wiese sind, kann sich der Hund prima mit anderen Dingen beschäftigen: Spielen, Schnuppern etc. Setzen sich die Menschen jedoch in Bewegung, geht das alles nicht mehr. Denn auch die Hunde möchten ihre Menschen im Auge behalten. Wie Hunde ihre Menschen stoppen, unterscheidet sich. Manche schneiden ihnen genau vor den Füßen den Weg ab, viele springen ihre Menschen an, und ein paar beißen in das Hosenbein oder den Jackenärmel. Es gibt aber auch Hunde, die in diesem Szenario ihren Menschen nicht korrigieren, sondern einfach abwartend beobachten, was die Zweibeiner so tun, oder einfach stumpf hinterhertippeln, ohne Ansätze zu zeigen, die Richtung angeben zu wollen.

Analyse – Gute Bindung, aber keine Geduld

Beim Wechsellauf maßregelt Sam seine Menschen nicht. In den Pausen, die bei Dreharbeiten entstehen, bleibt er unaufgefordert in der Nähe seiner Menschen. All das wird als äußerst positiv bewertet, wenn es um die Beziehung zwischen Mensch und Hund geht. Jetzt wird das Anpöbeln genauer unter die Lupe genommen. Es zeigt sich, dass Sam nicht artspezifisch aggressiv ist, also dass er nicht ein spezielles Problem mit anderen Hunden hat. Vielmehr ist er furchtbar ungeduldig, wenn er nicht seinen Willen bekommt, was an der Leine natürlich ganz schnell passiert. Und diese Ungeduld äußert sich dann in Frustrationsaggressionen. Gehen seine Menschen jedoch gezielt in eine andere Richtung, sobald Sam zu bellen beginnt, folgt er ihnen sofort, ohne ein weiteres Anpöbeln entgegenkommender Hunde. Auch beim Thema Ball ist es dasselbe. Bekommt er ihn nicht sofort, wird Sam sauer. Seine Frustrationstoleranz ist nicht gerade die größte!

Training – Vorzeigehund oder Vollchaot, dazwischen gibt's nichts

Aus den erfolgten Tests ergeben sich folgende Hausaufgaben: Sam soll an einer Bank, einem Baum oder etwas anderem Passenden angebunden werden, seine Menschen bleiben neben ihm stehen. Nähert sich jemand, bei dem Sam Anstalten macht, sich aufzuregen und zu bellen, sollen Utschs von ihm weggehen, um ihm zu zeigen, dass die Menschen an einem solchen Verhalten nicht interessiert sind. Zusätzlich erlebt Sam, dass er dann plötzlich allein dasteht. Ist er dagegen ruhig, soll er reichlich gelobt werden. Des Weiteren soll das Apportieren des Balls zur Beziehungsklärung genutzt werden. Sam soll den Ball erstens vernünftig zurückbringen und ihn zweitens auch freiwillig hergeben. Das wird mit einem Tauschgeschäft trainiert. Gibt Sam den einen Ball her, fliegt ein anderer zur Belohnung. Ist Sam wenig kooperativ, dreht man sich einfach um und geht.

Herr und Frau Utsch gehen erst wieder zu Sam zurück, wenn dieser sich ruhig und anständig verhält.

Da Sam durchaus Interesse an seinen Menschen hat, kann man mit dem Entfernen bzw. Ignorieren bei ihm auch viel erreichen. Ein bisschen irritiert von der Tatsache, dass Sam bei Martin Rütters Tests so gut mitgemacht hat, aber auch glücklich und motiviert beginnen Utschs in den nächsten Tagen das Training. Doch was bei der Anwesenheit von Martin so wunderbar funktioniert hat, stellt sich in der nächsten Zeit als Schwierigkeit heraus. Sam scheint total vergessen zu haben, dass er bei Hundebegegnungen auch schon einmal anständig reagiert hat. Immerhin gibt es beim Apportieren Fortschritte.

Im Training klappt alles sehr gut. Sam verhält sich ruhig und gelassen.

Weitere Hundebegegnungen

Das nächste Mal treffen sich Familie Utsch und Martin am Rheinufer in Köln. Hier soll die besagte Hausaufgabe noch einmal ganz strukturiert wiederholt werden.

Sam wird also wieder an einem schweren Baumstamm befestigt und in großer Distanz erscheint eine Mitarbeiterin mit ihrem Hund. Solange sich Sam ruhig verhält, wird er belohnt. Auf Leckerchen hat er an diesem Tag keine Lust, also kann die Belohnung nur über Lob oder Streicheln erfolgen. Auch ein Spiel mit dem geliebten Ball ist für Sam eine gute Belohnung. Schrittweise kommt der fremde Hund immer näher. Jetzt wird Sam nicht sofort für ruhiges Verhalten belohnt, sondern erst, wenn er tatsächlich eine Weile ruhig geblieben ist. Es geht ja nicht darum, ihn mit Belohnungen von dem anderen Hund abzulenken. Sam soll im Gegenteil gerade registrieren, dass sich da ein weiterer Vierbeiner annähert. Und er soll die Entscheidung treffen, dass er sich trotzdem ruhig verhält, erst dann gibt es Belohnungen.

Sam ist im Training mit Martin Rütter ein echter Vorzeigehund! Zwar knatscht er auch mal zwischendurch, das wird aber einfach ignoriert. Und die wenigen Male, die er doch bellt, entfernen sich Utschs wieder. Schnell ist Sam daraufhin ruhig. Auch mit anderen, ihm fremden Hunden in mehreren Durchläufen funktioniert alles ganz wunderbar.

 Wichtig

Training und Alltag

Solche gestellten Trainingssequenzen unterscheiden sich stark von Alltagssituationen, was die Strukturiertheit und die Dosis des jeweils fraglichen Reizes angeht. Im Training kann man den bestellten Hund immer genau so weit herankommen lassen, wie es für Sam gerade gut und richtig ist. Dadurch kann Sam optimal lernen. Im Alltag ist das natürlich deutlich schwieriger, weil man den entgegenkommenden Hund nicht unbedingt dirigieren oder auf Abstand halten kann. Deshalb ist es wichtig, dass man zum einen ein sehr regelmäßiges kontrolliertes Training ermöglicht, zum anderen sollte man sich in dessen Verlauf auch immer mehr klassischen Alltagssituationen annähern.

Im Training ein Musterknabe, zu Hause ein Flegel

Utschs wundern sich allmählich über ihren Hund. Weiß Sam etwa, wann die Kamera läuft, und benimmt sich deswegen so vorbildhaft? Er tut nämlich fast so, als ob er kein Wässerchen trüben könnte. Aber wie gesagt, die strukturierte Situation und das sehr gute Timing im Umgang mit Sam unterstützen den positiven Trainingsverlauf. Zu Hause sieht leider alles ganz anders aus. Aus Sam wird wieder der anstrengende Hund, der Babette Utsch zum Stürzen bringt. Die Trainingspartner in der Nachbarschaft gehen aus, denn sobald Sam die Hunde einmal kennt, verhält er sich ihnen gegenüber viel ruhiger. Erschwerend kommt hinzu, dass im Herbst die Tage kürzer werden und damit auch die Zeit zum Üben immer weniger wird. Frau Utsch kommt zwar noch bei Tageslicht nach Hause, traut sich aber mit Sam kaum noch vor die Tür. Und wenn Herr Utsch von der Arbeit zurückkehrt, ist es bereits dunkel. Zu Hause scheint alles noch schlimmer zu werden. Sam rast durch das Haus und reißt dabei alles mit, was auf Tischen und Schränken steht. Er ist zwar gut an eine Box gewöhnt, aber Utschs wollen Sam verständlicherweise nicht ausschließlich in der Box halten. Die Situation spitzt sich für Utschs zu. Was aber den Druck, endlich Erfolge zu erzielen, vor allem erhöht, ist die Tatsache, dass sich bei Utschs Nachwuchs angekündigt hat. Mit ein Grund, warum nun Frau Utsch erst recht Bedenken hat, mit Sam vor die Tür

Sam ist ein junger, ungestümer Hund, der einen Menschen braucht, an dem er sich orientieren kann.

Nicht immer stimmen die Bedürfnisse von Mensch und Hund überein. Dann ist es oftmals besser, sich zu trennen als jahrelang unter der Beziehung zu leiden.

zu gehen. Nicht auszumalen, wenn dadurch die Gesundheit des Babys gefährdet würde. In den nächsten Wochen plagen Utschs viele Gedanken Sams Zukunft betreffend. Gerade Frau Utsch, die unbedingt einen Hund wollte, hat ein schlechtes Gewissen, wenn sie über die Abgabe von Sam nachdenkt. Doch es hilft alles nichts.

Ein neues Zuhause für Sam
Nach reiflichen Überlegungen und viel Hin und Her steht der Entschluss fest: Sam muss ein neues Zuhause finden. Dieses Mal aber ganz klar eines, wo er auch für immer bleiben kann. Und bis es so weit ist, darf Sam natürlich weiterhin bei Familie Utsch in seiner gewohnten Umgebung wohnen bleiben. Es ist sehr schade, dass sich nun doch alles in diese Richtung entwickelt hat.

Für Sam wurde ein neues Zuhause gefunden, in dem er endgültig bleiben darf.

Aus Hundetrainersicht handelt es sich keinesfalls um einen Hund, der abgegeben werden muss. Aber selbstverständlich müssen auch alle Umstände und Alltagsquerelen mit einbezogen und die Entscheidung, sich von Sam zu trennen, respektiert werden. Was bleibt, ist davor zu warnen, sich überhastet einen Hund anzuschaffen oder gar aus Mitleid einen Hund aus schlechter Haltung zu „befreien". Damit ist letztendlich keinem geholfen.

Nichtsdestotrotz muss gesagt werden, dass es manchmal besser sein kann, wenn sich Hund und Halter trennen, anstatt ein jahrelanges unglückliches Dasein zu fristen. Es muss in jedem Einzelfall abgewogen werden, was die beste Entscheidung für alle Beteiligten ist. In Sams Fall hat sich ein Mensch gefunden, der ihn trotz seiner „Macken" bei sich aufnimmt und das Training fortsetzt, das Utschs begonnen haben.

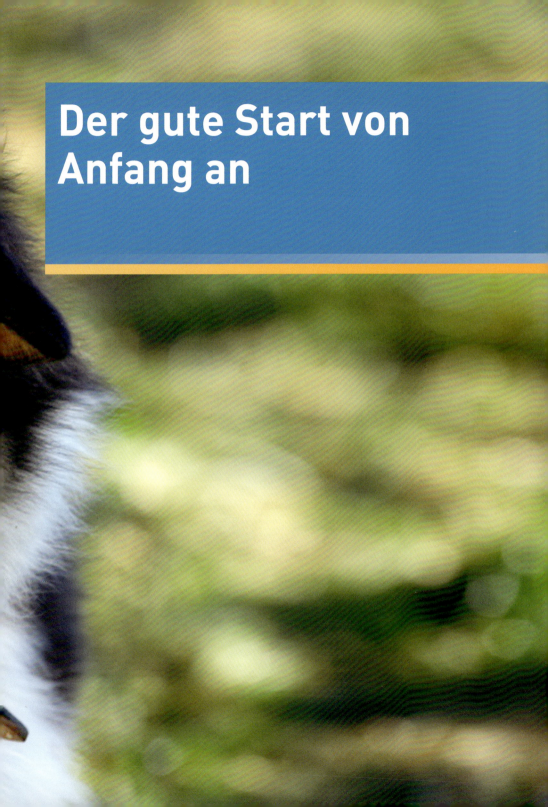

Der gute Start von Anfang an

Überlegungen vor dem Hundekauf

Bevor ein Hund einzieht, werden alle möglichen Überlegungen angestellt – oder so sollte es zumindest sein. Neben organisatorischen und logistischen Faktoren, sollte die Auswahl des Hundes die größte Rolle spielen. Und da ist es nur von Vorteil, wenn man sich rechtzeitig, vor der Anschaffung eines Hundes, überlegt, wer am besten zu einem passt. Schließlich handelt es sich um ein Lebewesen, das einen viele Jahre begleiten wird. „Süß" als Kriterium reicht für eine erfolgreiche Partnerschaft nicht aus. Viel wichtiger ist, welche Interessen und Bedürfnisse der Hund hat und ob man diesen gerecht werden kann. Wurde ein Hund beispielsweise für das Arbeiten an Schafherden gezüchtet, ist es seinen Menschen kaum möglich, sich eine solche Herde anzuschaffen. Aber man kann natürlich Alternativen anbieten und sollte dies auch. Denn eines ist klar: Darf solch ein Hund nicht „arbeiten", bleiben Unarten nicht aus. Geistige Auslastung ist übrigens für jeden Hund wichtig. Sprechen Sie mit den Menschen, die bereits den Typ Hund haben, der Ihnen vorschwebt. So können Sie sich vergewissern, ob der Vierbeiner auch der richtige für Sie und Ihre Familie ist. Einige gute Hundeschulen bieten auch Beratung vor dem Hundekauf an, um mit Ihnen gemeinsam einen passenden Hund zu finden.

Welpen sind alle „süß". Die Entscheidung für einen Hund sollte jedoch wohl überlegt sein.

Welpe oder erwachsener Hund?

Um das Alter des Hundes dreht sich dann meist die nächste Frage. Welpe oder erwachsener Hund? Viele angehende Hundehalter geben sich der Illusion hin, dass man bei einem Welpen alles richtig machen kann. Stimmt, die Möglichkeit besteht. Durch unsere Kunden im Hundetraining haben wir aber immer wieder gesehen, dass Hunde größere und kleinere Auffälligkeiten zeigen, egal ob sie von Anfang an da waren oder als Secondhandhund dazugekommen sind. Wenn aber ein Welpe der große Wunsch ist, dann sollten Sie seine Herkunft ganz genau unter die Lupe nehmen. Und damit meinen wir nicht nur die Ahnentafeln, sondern vielmehr die Gegebenheiten, unter denen der Welpe die ersten Lebenswochen aufgewachsen ist. Denn sie sind ausschlaggebend für die weitere Entwicklung und für seine Gesundheit.

So finden Sie den passenden Hund

Der VDH (Verband für das Deutsche Hundewesen; www.vdh.de) stellt im Internet sogenannte Checklisten zur Verfügung, wie man einen seriösen Züchter erkennt. Auf keinen Fall aber sollten Sie sich zu einem Spontankauf hinreißen lassen, oder gar einen Hund aus Mitleid kaufen. Damit tun Sie keinem einen Gefallen. Soll es ein erwachsenes Tier sein, sind Tierheime oder der Deutsche Tierschutzbund eine gute Anlaufstelle. Neben allen möglichen Informationen, die man hier erhält, besteht ein weiterer Vorteil darin, Verhaltenseinschätzungen der Hunde zu bekommen. Die Pfleger, die sich täglich um die Tiere kümmern, kennen ihre Vorzüge und Macken und können Auskunft darüber geben.

Wichtig sind vor allem auch die Umstände, in denen Sie als künftiger Hundehalter leben. Sind alle mit der Anschaffung einverstanden? Wie wird die Aufgabenverteilung innerhalb Ihrer Familie sein? Wie viel Zeit können Sie für den Hund aufbringen? Wer kümmert sich um ihn, wenn Sie es aufgrund von Krankheit oder Urlaub nicht selbst tun können? Wie lange wird er allein sein, oder können Sie ihn mit zur Arbeit nehmen? Welcher Tierarzt und welche Hundeschule sagen Ihnen zu? Es geht also nicht in erster Linie um eine bestimmte Ausstattung, die man benötigt, sondern vielmehr um ein gemeinsames und möglichst harmonisches Zusammenleben.

Auch ein erwachsener Hund, z.B. aus dem Tierheim, kann ein guter Kamerad werden.

Checkliste vor dem Hundekauf

☐ **Welcher Hund passt zu mir? Welche Bedürfnisse hat der Hund?**
Informationen erhalten Sie beispielsweise über das Internet, aus Büchern, Beratung in Hundeschulen, Gespräche mit Hundehaltern und Züchtern, über den Deutschen Tierschutzbund oder den Verband für das Deutsche Hundewesen (VDH).

☐ **Welche Bedürfnisse haben die Menschen, die mit dem Hund zusammenleben? Soll er ein Sportkamerad sein oder eher zum Kuscheln?**
Seien Sie ehrlich zu sich selbst, wenn Sie überlegen, welche Bedürfnisse Sie mit der Hundehaltung verbinden.

☐ **Sind alle Familienmitglieder mit dem vierpfotigen Zuwachs einverstanden?**
Auch damit, dass der Hund mit im Haus lebt? Denn da gehört er als soziales Rudeltier auf jeden Fall hin.

☐ **Besteht vielleicht eine Tierhaarallergie, die vor der Anschaffung des Hundes überprüft werden sollte?**
Alle Zweifel sollten deutlich angesprochen werden, ebenso wie eine klare Aufgabenverteilung innerhalb der Familie.

☐ **Habe ich genug Zeit für einen Hund?**
Spaziergänge, tägliche Denksportaufgaben, der Besuch einer Hundeschule und die Fellpflege erfordern Zeit. Gerade in den ersten Wochen der Eingewöhnung ist die Hundehaltung sehr zeitintensiv und sollte nicht unterschätzt werden.

☐ **Wie lange wird mein Hund allein sein?**
Mehr als fünf Stunden pro Tag sollten Sie Ihrem Hund nicht unbedingt zumuten. Klären Sie vorher ab, ob Sie Ihren Hund mit zum Arbeitsplatz nehmen können. Oder vielleicht gibt es Nachbarn oder Freunde, die in Ihrer Abwesenheit gern Ihren Hund hüten.

☐ **Ist die Versorgung bei Krankheit oder im Urlaub ohne Hund gewährleistet?**
Wenn Sie Ihren Hund von einem Züchter haben, können Sie ihn manchmal in Ihrer Abwesenheit wieder bei ihm unterbringen. Oder falls sich keine Bekannten finden, lohnt sich die rechtzeitige Suche nach Tierpensionen oder Hundesittern.

☐ **Kann ich die Kosten aufbringen?**
Nicht nur die Anschaffung und Grundausstattung kann teuer sein. Diese kann man immerhin noch kalkulieren. Schwieriger wird das zum Beispiel mit anfallenden Tierarztkosten. Wer möchte, hat die Möglichkeit, eine Krankenversicherung für Hunde abzuschließen. Zu den laufenden Kosten gehören aber auch Futter und Pflegeartikel, sowie Kosten für die Erziehung, Ausbildung oder Beschäftigung des Hundes.

Die ersten Wochen im Leben eines Hundes

Wie die Alten so die Jungen
Der optimale Start ins Leben beginnt bereits vor der Geburt mit der Auswahl der Elterntiere. Diese geben nicht nur ihren genetischen Hintergrund an ihren Nachwuchs weiter, sondern auch charakterliche Eigenschaften, die sie vorleben. Daher ist es zum einen wichtig zu wissen, was genetisch in einem Hund steckt, zum anderen sollte man die Zuchthunde ständig im Hinblick auf ihr Wesen überprüfen. Eine Mutterhündin, die sich vor Angst verkriecht, wenn sich Besucher nähern, zeigt ihren Welpen bereits in den ersten Wochen, dass fremde Menschen mit Vorsicht zu genießen sind. Sicher keine guten Bedingungen!

Die Züchterfamilie
Während der Prägungsphase müssen die Welpen viele verschiedene Eindrücke sammeln und mit unterschiedlichen Reizen in Kontakt kommen. Ein guter Züchter wird seinen Welpen täglich etwas Neues zu entdecken geben. Dies fängt an mit dem bunten Bällebad und unterschiedlichen Untergründen im Welpenauslauf, wie z. B. Gras, Sand oder Kies. Die Welpen lernen Geräusche wie z. B. laute Musik oder den Krach des

In den ersten Wochen lernt der Welpe viel von seiner Mutter, den Geschwistern und der Züchterfamilie.

Mutter weiß immer, wo es langgeht und wer von den Welpen gerade zu frech wird.

Rasenmähers kennen. In der achten Lebenswoche werden bereits erste Ausflüge in die nähere Umgebung unternommen, es gibt einen Spaziergang über eine duftende Wiese und vielleicht auch einmal einen Abstecher zum kleinen Bach. Ganz nebenbei lernen die Welpen das Autofahren kennen, ganz eng an Mama gekuschelt, alles kein Problem!

Mutter und Geschwister

Etwa ab der vierten Lebenswoche sind beim Welpen alle Muskelgruppen vollständig entwickelt, so dass sie in der Lage sind, sämtliche Formen der Kommunikation auszuführen. Sie können dann bellen, knurren, die Nase krausziehen oder fixieren. Diese ersten Signale werden jedoch noch sehr undifferenziert eingesetzt, der Welpe muss die Bedeutung der Signale und die richtige Anwendung erst noch lernen. Dies erfolgt im Spiel mit den Geschwistern und in der Kommunikation mit Mama. Die Mutterhündin übt dies gezielt mit ihren Welpen. So sucht sie sich z. B. eine Beute und wartet darauf, dass sich einer der Welpen nähert. Nach einem Drohfixieren folgt ein warnendes Knurren und sofort darauf ein kurzer Nackenstoß. Dieser Welpe hat nun, genauso wie einige weitere, die das Geschehen verfolgt haben, gelernt, dass man sich Mama besser nicht mehr nähert, wenn diese drohfixiert bzw. knurrt!

Kontakt zur Außenwelt

Welpen, die isoliert in einem Zwinger gehalten werden, und dort außer einem eventuellen Welpenkäufer, der einmal einen Blick durch das Gitter wirft, nichts kennenlernen, werden es schwer in ihrem weiteren Leben haben. Da können die Elterntiere noch so guter Abstammung sein, Welpen benötigen unbedingt die Möglichkeit, selbst Erfahrungen zu sammeln. Daher sollte bereits in dieser Zeit möglichst viel Kontakt zur Außenwelt hergestellt werden. Unterschiedliche Menschen, ob Mann oder Frau, groß oder klein, Kind oder älterer Mensch, erweitern die Erfahrungen des Welpen. Denn nur so kann der Welpe später einmal ein selbstsicherer und souveräner Hund werden.

Abgabe des Welpen ins neue Zuhause

Im Alter von acht Wochen geht es bei den Welpen bereits recht turbulent zu. Sie besitzen einen großen Erkundungsdrang, dem ein Züchter kaum noch gerecht werden kann. Denn ein Ausflug mit einer solchen Meute ist ohne viele Helfer kaum möglich, und ein gezieltes Training mit jedem einzelnen Welpen wird zeitlich nur schwer umsetzbar sein. Daher sollten die Welpen jetzt an ihre neuen Halter abgegeben werden.

Die Erziehung geht weiter

In der Sozialisierungsphase geht es dann eigentlich erst so richtig los. Nach zwei bis drei Tagen der Eingewöhnung im neuen Zuhause, ist es Aufgabe der neuen Halter, mit ihrem Welpen die Welt zu entdecken. In dieser Zeit bis zur sechzehnten Lebenswoche soll der Welpe alles das kennenlernen, was für ihn später einmal im Leben normal sein soll. Angefangen von seltsam gekleideten Menschen, über den Umgang mit anderen Artgenossen, bis hin zu den unterschiedlichsten Geräuschkulissen wie z. B. in der Stadt oder auf dem Bahnhof, erfährt der Welpe durch die gemeinsamen Unternehmungen, sich an seinem neuen Halter zu orientieren und auf ihn zu vertrauen.

Kommt der Welpe mit acht Wochen in sein neues Zuhause, beginnt eine spannende Zeit für ihn und seine Menschen.

Ein Welpe zieht ein

Soll ein neuer Hund in die Familie einziehen, entscheiden sich viele Menschen für einen Welpen. Diesen können sie entsprechend ihrer Bedürfnisse formen und optimal auf das spätere Leben vorbereiten. Im Idealfall zieht der Welpe mit etwa acht Wochen bei seiner neuen Familie ein. Die nun folgenden acht Wochen sind für die Entwicklung des jungen Hundes sehr wichtig! In dieser Phase, der Prägungsphase (siehe S. 9), lernt der Hund seine Umwelt kennen, er entwickelt eine Bindung zu seinen neuen Haltern und erlernt die Grundregeln im Zusammenleben mit ihnen. Wer sich in dieser Zeit an einige Regeln im Umgang mit dem jungen Hund hält, wird später einmal kaum Probleme mit ihm haben.

Der Einzug

Nach sorgfältiger Auswahl eines guten Züchters ist endlich der Tag gekommen, an dem das neue Familienmitglied einzieht. Erkunden Sie mit Ihrem Welpen zusammen die Wohnung, lassen Sie ihn aber noch nicht überall herumlaufen. Ihr Welpe braucht von Anfang an Grenzen, diese können Sie ihm auch räumlich leicht aufzeigen. Nach der Autofahrt muss sich Ihr

Kleiner bestimmt einmal lösen. Da ein Welpe noch nicht von Anfang an stubenrein ist, sollten Sie nun direkt den Ort aufsuchen, an dem er sich in nächster Zeit lösen soll.

Stubenreinheit

Damit Ihr Welpe möglichst schnell stubenrein wird, sollten Sie einen Platz in der Nähe Ihrer Wohnung aufsuchen, wie z. B. eine Ecke hinten im Garten oder aber einen Feldweg neben Ihrer Wohnung. Anfangs muss ein Welpe ständig: Nach dem Schlafen, nach dem Fressen, nach dem Spielen und sowieso mindestens alle zwei bis drei Stunden! Sie können auch am Verhalten Ihres Welpen erkennen, dass er gleich muss: Er wird unruhig suchend herumlaufen. Spätestens dann nehmen Sie ihn auf den Arm und tragen ihn nach draußen. Dort warten Sie solange, bis er sich löst. Loben Sie ihn mit ruhiger Stimme,

Bringen Sie Ihren Welpen nach jedem Schlafen, Fressen und Spielen nach draußen, damit er sich lösen kann.

Info

Das Malheur ist passiert

Was soll man tun, wenn der Welpe doch einmal auf den wertvollen Teppich uriniert? Nichts! Würden Sie nun mit Ihrem Welpen schimpfen oder ihn sogar körperlich bestrafen, kann Ihr Welpe dies nicht mehr mit der vor längerer Zeit durchgeführten Handlung verknüpfen. Lob und auch Strafe müssen immer unmittelbar mit der Handlung in Verbindung stehen, sie müssen in einem Zeitraum von maximal zwei Sekunden auf die Handlung folgen. Ansonsten besteht die Gefahr, dass Ihr Welpe entweder eine ganz andere Handlung mit Ihrer Strafe verknüpft oder aber Ihnen gegenüber unsicher wird, da Sie für ihn vollkommen willkürlich böse werden. Wischen Sie das Malheur einfach weg und bringen Sie Ihren Welpen beim nächsten Mal früher hinaus.

denn brechen Sie jetzt in laute Jubelschreie aus, kann es sein, dass Ihr Welpe sein Geschäft unterbricht. Damit Ihr Hund sich später einmal auf Ihr Signal hin löst, können Sie das Lösen jedes Mal mit einem Wort wie z. B. „Mach fein" unterstützen. Mit der Zeit wird Ihr Hund dieses Signal mit der Handlung verknüpfen. Das ist besonders vor einer längeren Autofahrt praktisch, denn mit diesem Signal kann man seinen Hund animieren, vorab sein Geschäft zu erledigen.

Jeder Hund braucht einen Platz, auf dem er seine Ruhe hat und nicht gestört wird. Beginnen Sie das Training gleich mit Ihrem Welpen.

Ein Welpe zieht ein | 223

Hat Ihr Hund gelernt, auch einmal für längere Zeit in seinem Korb zu bleiben, können Sie dies in vielen Situationen nutzen (während des Essens, wenn Besuch kommt, usw.).

Unruhige Nächte
Auch Nachts müssen Sie Ihren Welpen anfangs nach draußen lassen. Wenn er in einer Box neben Ihrem Bett schläft, merken Sie schnell, wenn er unruhig wird und hinaus muss. Zudem verhindert die Box, dass er nicht einfach eine Ecke im Schlafzimmer aufsuchen kann, um sich zu lösen. Denn auf den eigenen Schlafplatz würde ein Welpe nur im Notfall urinieren! Daher sollten Sie Ihren Welpen als Nächstes an einen festen Platz gewöhnen.

Zuweisen eines Platzes
Ihr Welpe sollte auf jeden Fall mindestens zwei feste Liegeplätze zugewiesen bekommen. Dabei sollten die Plätze so gewählt werden, dass Ihr Hund nicht mitten im Raum oder direkt neben einer Tür liegt, er soll an seinem Platz zur Ruhe kommen können. Denn dies ist die Bedeutung seines Liegeplatzes: Hier wird er in Ruhe gelassen, weder Kinder noch Besuch stören ihn, er kann sich entspannen und schlafen. Nachts darf er gerne neben Ihrem Bett im Schlafzimmer liegen, ein Rudel schläft und lebt zusammen und gibt sich dadurch Sicherheit. Daher sollte der Platz, den Sie wählen, nicht zu fern vom Geschehen sein, denn Ihr Hund soll sich ja von Ihnen beschützt und umsorgt fühlen.

Eine Hundebox ist sehr praktisch – sie kann als Schlafplatz, zur kurzen „Aufbewahrung" des Welpen und auch während der Autofahrt genutzt werden.

Die Hundebox

Nicht nur Nachts bietet sich eine Box als Liegeplatz an, auch tagsüber wird es immer wieder Situationen geben, in denen man den Welpen kurzfristig unbeobachtet lassen muss. Auch wenn Sie nur ganz kurz hinausgehen, um die Post vom Briefträger in Empfang zu nehmen, kann Ihr Welpe in dieser Zeit schon ein richtiges Chaos anrichten: Kabel zerkauen, die Fernbedienung vom Tisch klauen oder in den Blumentöpfen wühlen. Und das ist nicht nur ärgerlich und eventuell auch kostenintensiv, es kann sogar lebensgefährlich für den Welpen sein.

Gewöhnung an eine Box
Natürlich müssen Sie den Welpen zunächst einmal an die Box gewöhnen. Stellen Sie die Box am vorgesehenen Platz auf und werfen Sie ein paar Futterbrocken hinein. Anfangs liegen diese vorne am Eingang, später, wenn sich Ihr Welpe in die Box hinein traut, auch ganz weit hinten. Sie können dann dazu übergehen und die gesamte Futterration in der Box verfüttern, so muss Ihr Welpe nun bereits einen kurzen Augenblick in der Box verweilen. Nun verlängern Sie Schritt für Schritt die Zeit, in der Ihr Welpe in der Box bleibt. Wenn Sie ihm einen leckeren Kauartikel wie z. B. ein Schweineohr geben, wird er lange Zeit damit beschäftigt sein. Setzen Sie sich währenddessen einfach neben die Box, die Boxentür bleibt aber noch offen. Will Ihr

Diese Leckerei gibt es nur in der Box und macht sie zu etwas ganz Besonderem.

Welpe mit dem Schweineohr aus der Box hinauslaufen, nehmen Sie es ihm wieder ab und bieten es ihm erneut in der Box an. Bleibt Ihr Hund nun bereits einige Zeit in der Box, können Sie die Tür anlehnen. Klappt auch dieses, wird die Tür geschlossen. Bleiben Sie aber zunächst immer noch direkt neben der Box sitzen, so fühlt sich Ihr Welpe nicht verlassen. Nutzen Sie dann die Zeiten, in denen Ihr Welpe müde ist und sich zum Schlafen legt. Nehmen Sie ihn ruhig hoch und tragen Sie ihn in seine Box. Warten Sie, bis er ganz eingeschlafen ist, bevor Sie sich von der Box entfernen.

 Tipp

Was tun, wenn es nicht klappt ...

Fängt Ihr Welpe an, in der Box zu jammern, weil er wieder hinaus will, ignorieren Sie dieses Verhalten einfach. Erst wenn er einen Augenblick ruhig ist, darf er wieder aus der Box. Dies gilt natürlich nicht, wenn Ihr Welpe in Panik ausbricht und Angst zeigt. Sollte er z. B. stark hecheln und erweiterte Pupillen bekommen, müssen Sie ihn sofort wieder aus der Box lassen und das Training später in viel kleineren Schritten fortsetzen.

AUS DER PRAXIS

Beißhemmung

Kommt der Welpe mit acht Wochen vom Züchter zu Ihnen, hat er durch den Umgang mit seinen Geschwistern bereits gelernt, dass man nicht unbegrenzt fest zubeißen darf. Denn seine Geschwister haben dann das Spiel einfach beendet oder aber selbst zurückgebissen. Nun muss der Welpe jedoch noch lernen, dass man mit Menschen vorsichtiger umgehen muss, als mit Artgenossen. Denn wenn der Welpe das Geschwisterchen im Fell packt, passiert diesem dabei in der Regel nichts. Die Menschenhaut wäre bei einem solchen „Spiel" durch die spitzen scharfen Zähne des Welpen aber bereits stark verletzt!

Hier ist es nun Ihre Aufgabe, Ihrem Welpen die Beißhemmung gegenüber dem Menschen beizubringen. Dazu eignen sich Kuschel- und Tobespiele auf dem Boden. Beginnen Sie Ihren Welpen zu streicheln und mit der Hand durch sein Fell zu kraulen. Reagiert er darauf nun mit dem Einsatz seiner Zähne und nimmt Ihre Hand ins Maul, um darauf herumzubeißen, gibt es zwei Möglichkeiten, zu reagieren. Entweder, Sie können in diesem Augenblick einfach sofort aufstehen und das schöne Spiel ohne Kommentar beenden. Ihr Welpe sollte dann noch kurz ignoriert werden, bevor er erneut die Möglichkeit zum Sozialkontakt bekommt. Zudem können Sie noch beim Aufstehen einen Schmerzschrei ausstoßen, diesen kennt der Welpe bereits von seinen Geschwistern.

Manche Welpen lernen aber allein durch Ignoranz nicht, wo ihre Grenzen sind. In einem solchen Fall müssen Sie dem Hund durch eine artgerechte Korrektur zeigen, dass Sie mit diesem Verhalten nicht einverstanden sind. Hierzu bietet sich z. B. der Schnauzgriff an, den bereits die Mutterhündin als Korrektur-

maßnahme angewendet hat. Sie greift dazu einmal fest mit der Schnauze über den Fang des Welpen. Dabei knurrt sie, damit er lernt, beim nächsten Mal bereits auf das Knurren sein Verhalten einzustellen. Sie können die Korrektur nun mit Ihrer Hand nachahmen, indem Sie einmal fest über den Fang des Welpen greifen. Dabei sprechen Sie ein Signalwort aus, wie z. B. das Wort „Tabu", damit der Welpe lernt, in Zukunft bereits auf dieses Signal hin die unerwünschte Handlung einzustellen. Bei dieser Korrektur braucht man übrigens keine Angst zu haben, dass der Welpe dadurch handscheu wird. Denn die Hand wird ja, genauso wie die Schnauze der Mutter, nicht nur zur Korrektur, sondern auch zu angenehmen Streicheleinheiten eingesetzt.

Leckerchen vorsichtig nehmen

Viele Hunde können ihre Erregung in Erwartung auf das Leckerchen in der Hand des Menschen kaum noch zügeln und schnappen heftig danach. Ihr Hund sollte also auch von klein auf lernen, dass er sich beherrschen muss, wenn Sie ihm ein Leckerchen aus der Hand anbietet. Dazu nehmen Sie einen größeren Futterbrocken in die Hand und lassen den Hund daran schnüffeln. Das Leckerchen ist dabei vollständig in der Hand verborgen, so dass er nicht darankommt. Nun warten Sie so lange, bis der Hund ein ruhiges und abwartendes Verhalten zeigt. In diesem Augenblick öffnet sich die Hand und der Hund darf das Leckerchen herausnehmen. Parallel dazu können Sie noch ein Signal wie z. B. das Wort „Nimm" einführen, so dass der Hund mit der Zeit lernt, erst auf dieses Signal hin das Leckerchen zu nehmen.

Einmaleins des Welpentrainings

Gewöhnung an Halsband und Leine

In den ersten Tagen reicht es, wenn Sie sich in Haus und Garten mit Ihrem Welpen beschäftigen. Er muss ja zunächst einmal sein Zuhause kennenlernen und erfahren, wer alles zur neuen Familie gehört. Daher sollte in den ersten Tagen auch noch kein Besuch kommen, auch wenn alle Bekannten furchtbar neugierig sind.

Dann wird es aber Zeit, die Welt zu erkunden. Leider ist es heutzutage unmöglich, einen Hund immer frei laufen zu lassen. Daher steht als nächste Übung die Gewöhnung an Leine und Halsband an. Beginnen Sie das Training zunächst einmal im Haus, hier sind Sie sicher, dass Ihrem Welpen nichts passieren kann.

Als Halsband eignet sich ein breites aus Leder oder Stoff, das sich nicht zusammenzieht. Ein Zughalsband eignet sich für Welpen nicht, da sie so eine ständige Korrektur erfahren, wenn sie in die Leine laufen. Da sie das korrekte Gehen an der Leine aber noch nicht erlernt haben, wäre dies unfair Ihrem Welpen gegenüber. Zudem ist der Kehlkopf eine empfindliche Stelle, an der schnell auch einmal eine Verletzung auftritt. Die Gewöhnung erfolgt in drei Schritten:

Gewöhnen Sie Ihren Welpen langsam an Halsband und Leine.

Einmaleins des Welpentrainings 229

Für diesen kleinen Kerl ist das Halsband und die Leine bereits etwas ganz Normales.

1. Um Ihren Welpen an das Halsband zu gewöhnen, ziehen Sie es ihm an, wenn etwas für ihn besonders Spannendes stattfindet. So können Sie z. B. ein Futtersuchspiel starten: Werfen Sie einen Futterbrocken ein bis zwei Meter von Ihrem Welpen weg und lassen Sie ihn hinterherrennen. Sie können aber auch z. B. mit einem Gegenstand mit Ihrem Hund spielen oder einfach mit ihm zusammen durch den Garten rennen. Hat sich Ihr Welpe an das Halsband gewöhnt, lassen Sie es ihn nach der Spieleinheit immer ein wenig länger tragen.

Futtersuchspiele oder auch ein interessantes Spiel lenken den Welpen von dem ungewohnten Halsband und der Leine ab.

2. Im nächsten Schritt gewöhnen Sie Ihren Hund an die Leine. Verwenden Sie dafür eine leichte Leine ohne Haken und Schlaufen. Die Leine lassen Sie anfangs einfach nur hinterherschleifen, Sie halten sie noch nicht in der Hand. Daher darf der Welpe damit nicht hängen bleiben oder sich erschrecken, wenn z. B. ein Haken laut über den Boden scheppert. Die Gewöhnung erfolgt genauso wie die Gewöhnung an das Halsband.

3. Jetzt sind Sie soweit, dass Sie die Leine aufnehmen können. Sie sollte aber nicht zu kurz sein, damit Ihr Welpe nicht immer direkt in die gespannte Leine läuft. An einer ca. drei Meter langen Leine können Sie sogar noch kleinere Spielchen machen.

Leinenführigkeit – die ersten Schritte

Jetzt können Sie das erste Leinenführtraining starten. Locken Sie Ihren Welpen zu sich und gehen Sie zwei bis drei Schritte. Folgt er Ihnen an lockerer Leine, belohnen Sie ihn mit einem Futterbrocken oder einer weiteren Spieleinheit. Ignoriert er Sie, drehen Sie sich von ihm weg und gehen in die andere Richtung. Locken Sie ihn dann erneut und belohnen Sie ihn, wenn er aufmerksam ist. Neben der Leinenführigkeit gibt es noch weitere Grundsignale, die Ihr Welpe lernen muss. Dazu zählt das Signal „Hier" sowie die Signale „Sitz" und „Platz".

Der kleine Aussie ist auf sein Frauchen konzentriert, die Leine hängt durch.

> **Info**
>
> **Hör- und Sichtzeichen**
>
> Hunde kommunizieren hauptsächlich über Körpersprache miteinander, so dass auch der Mensch zusätzlich zum Hörzeichen Sichtzeichen verwenden sollte. Dies kommt dem Hund in seinem Verhalten nahe und erleichtert ihm, seinen Menschen zu verstehen. Zudem können Sie ihm so auch auf weitere Entfernung signalisieren, welches Verhalten er als Nächstes ausführen soll.

„Sitz" beherrschen bereits die Jüngsten.

Sich hinsetzen – „Sitz"

Das Signal, das Hunde am schnellsten lernen, ist das Signal „Sitz". Damit können Sie bereits in den ersten Tagen im neuen Zuhause beginnen. Sie sollten grundsätzlich alle neuen Signale erst einmal zu Hause trainieren. Hier kennt sich Ihr Hund aus und es gibt nur wenig Ablenkung. Erst wenn Ihr Hund das neue Signal zu Hause gut beherrscht, weiten Sie das Training zunächst einmal in den Garten und dann nach draußen in fremde Umgebung aus. Sie müssen die Reize schrittweise steigern, um Ihren Welpen nicht zu überfordern.

Nutzen Sie einen Augenblick, in dem Ihr Welpe in Ihrer Nähe ist. Er sollte aufmerksam, nicht müde und nicht gerade satt sein. Halten Sie einen Futterbrocken in der Hand und lassen Sie Ihren Welpen daran schnüffeln. Viele Welpen setzen sich sofort, da sie so näher mit ihrer Nase am Futterstück sein können. Sollte Ihr Hund sich nicht sofort setzen, führen Sie Ihre Hand leicht nach oben über die Nase Ihres Welpen. Um dem Futterstück zu folgen muss er sich automatisch setzen. In dem Moment, wenn sein Hinterteil nach unten bewegt, belohnen Sie ihn mit dem Futterstück und einem verbalen Lob. Nach einigen Wiederholungen führen Sie dann das Hörzeichen „Sitz" ein: In dem Augenblick, in dem Ihr Welpe sich setzt, verwenden sie das neue Signal! Parallel dazu erlernt Ihr Hund automatisch auch ein Sichtzeichen, nämlich die erhobene geschlossene Hand.

Ein Welpe hat sehr viel Spaß am Lernen, wenn sein Mensch gute Laune und Geduld mitbringt.

Wichtig

Futterbetteln

Fördern Sie nicht unbewusst das Betteln und Abverlangen der Übung. Hat Ihr Welpe die Übung verstanden, passiert es schnell, dass er sich von sich aus vor Sie hinsetzt, um ein Futterstück zu bekommen. Wenn Sie nun darauf reagieren, wird Ihr Welpe Sie als einen leicht manipulierbaren Futterautomaten betrachten und keineswegs als einen adäquaten, intelligenten Sozialpartner. Ignorieren Sie sein Bettelverhalten und üben Sie das „Sitz" immer dann, wenn er von sich aus die Übung nicht eingefordert hat. Belohnen Sie ihn auch nicht jedes Mal – die Futterbelohnung sollte für den Hund unvorhersehbar sein.

Unterschiedliche Varianten

Beachten Sie beim Training, dass die Handlung „Sitz" für Ihren Hund etwas vollkommen anderes ist, wenn er sie aus dem Liegen heraus durchführen soll. Ein Hund, der sich bereits zuverlässig aus dem Stehen auf das Signal „Sitz" hinsetzt, reagiert eventuell aus dem Liegen heraus nicht auf das Signal! Für den Hund sind die Übungen zwei verschiedene Handlungsketten, die er Schritt für Schritt einzeln erlernen muss. Einmal muss er dabei die Vorderbeine aufrichten, das andere Mal muss er die Hinterbeine absenken. Werden Sie also nicht ungeduldig und ziehen Ihren Hund am Halsband nach oben, sondern nehmen Sie wie beschrieben auch hier ein Leckerchen zu Hilfe, um Ihren Hund nach oben zu locken.

Für die ersten Übungen bekommt der Welpe noch jedes Mal eine Belohnung. Später wird nur noch hin und wieder belohnt.

Mit einem Leckerchen wird der Aussie animiert, sich hinzulegen.

Signale auflösen

Lösen Sie anfangs ein Signal möglichst zügig wieder auf, z. B. durch das Wort „Lauf" und eine schwingende Handbewegung. Ihr Hund wird noch nicht geduldig und entspannt liegen oder sitzen bleiben und er soll sich nicht angewöhnen, Übungen selbstständig zu beenden. Später können Sie dann Schritt für Schritt die Zeit verlängern, die Ihr Hund ein Signal ausführen soll, bevor Sie ihm das Auflösesignal geben.

> **Wichtig**
>
> **Eindeutige Signale**
>
> Signale müssen eindeutig sein, sonst weiß Ihr Hund nicht genau, was Sie von ihm wollen. Daher sollten sich Sichtzeichen deutlich voneinander unterscheiden und auch Hörzeichen sollten sich klar voneinander abgrenzen. „Sitz" und „Platz" hören sich sehr ähnlich an. Daher bietet es sich an, für das Ablegen ein anderes Signalwort auszuwählen. Welches Wort man wählt, ist grundsätzlich egal, es sollte möglichst kurz und für den Menschen geläufig sein. So kann man für das Ablegen z. B. das Signalwort „Down" verwenden.

Sobald er liegt, gibt man das Signal „Down".

Sich hinlegen – „Down"

Hunde liegen von Natur aus viel, denn in dieser Position können sie vollkommen entspannen. Daher bietet sich das Signal „Down" als nächste Übungseinheit an.

Nehmen Sie einen Futterbrocken in Ihre Hand und führen Sie die geschlossene Hand senkrecht an der Nase des Hundes vorbei nach unten und leicht nach vorne. Die meisten Hunde folgen der Hand und legen sich schnell hin, um mit der Nase so nahe wie möglich am Futter zu sein. Sobald Ihr Hund den Boden berührt, öffnen Sie die Hand und geben ihm das Futterstück. Legt sich Ihr Hund nicht hin, lassen Sie ihn zunächst an Ihrer Hand schnüffeln. Wiederholen Sie dann den gleichen Bewegungsablauf wie zuvor. Hat Ihr Welpe verstanden, was er machen soll, können Sie nach einigen Wiederholungen das Hörzeichen „Down" einführen: In dem Augenblick, indem Ihr Hund sich hinlegt, geben Sie das neue Signal! Als Sichtzeichen bietet sich die waagerecht nach unten geführte Hand an, die dem ursprünglichen Locken mit dem Futter entspricht.

Achten Sie darauf, dass sich Ihre Hand nicht zu nah am Hund befindet, da er sich sonst eventuell rückwärts von Ihnen weg bewegt. Halten Sie Ihre Hand allerdings zu weit vom Hund entfernt, wird ihn das animieren, Ihnen bzw. der Hand zu folgen und er rutscht über den Boden. Probieren Sie es einfach aus.

Zuverlässiges Herankommen ist eine der wichtigsten Übungen. Nutzen Sie die Folgebereitschaft Ihres Welpen und üben Sie „Hier" regelmäßig in allen Situationen.

Herankommen – „Hier"

Das Signal „Hier" kann für einen Hund lebenswichtig sein! Je zuverlässiger Ihr Hund das Signal „Hier" ausführt, desto mehr Freiheit können Sie ihm letztlich auch geben.
Starten Sie das Training in der Wohnung. Rufen Sie Ihren Welpen mit seinem Namen, Ihre Stimme sollte dabei animierend und freundlich sein. Kommt Ihr Welpe daraufhin zu Ihnen, geben Sie ihm, kurz bevor er bei Ihnen angekommen ist, das Hörzeichen „Hier". Dann belohnen Sie ihn direkt z. B. mit Ihrer Stimme und mit einem Futterbrocken. Bitte zeigen Sie Ihrem Hund das Futterstück nie, bevor er es wirklich bekommt. Halten Sie es in der geschlossenen Hand, so dass Ihr Welpe es nicht sehen kann. Denn dieses Futterstück gibt es nur zu Beginn der Übung ganz regelmäßig.

Das Prinzip der variablen Verstärkung

Hat der Welpe das Signal „Hier" nach vielen Wiederholungen verstanden, verwendet man das Prinzip der variablen Verstärkung und es gibt nur noch unregelmäßig eine Futterbelohnung. Sieht er jedoch von Anfang an das Leckerchen in Ihrer Hand, reagiert er nicht auf Ihr Signal, sondern auf das Leckerchen.

Der kleine Aussie hat in seinen ersten Lebenswochen schon viel gelernt und ist für die Zukunft bestens gerüstet.

Und wenn er dann später sieht, dass kein Futterbrocken in Ihrer Hand ist, kann es passieren, dass er sich gegen das Kommen entscheidet, da es sich für ihn nicht lohnt. Und dies muss man auf jeden Fall vermeiden.

Im Laufe des Trainings geben Sie nun das Signal „Hier" immer früher, bis Ihr Welpe tatsächlich auf das Signal hin zu Ihnen kommt. Hat Ihr Hund das zuverlässige Herankommen gelernt, können Sie die Übung nun etwas schwieriger gestalten. Jetzt sollte er sitzen, bevor er seine Belohnung bekommt. Halten Sie das Futterstück, wie bei „Sitz" beschrieben, senkrecht über seine Nase. Er wird sich hinsetzen, denn er ist der Belohnung dadurch viel näher. In diesem Moment gibt es sofort die Belohnung. Das Zeichen der geschlossenen, nach oben geführten Hand wird dann automatisch zum Sichtzeichen für das Signal „Hier".

Die Autoren

Martin Rütter wollte eigentlich Sportreporter werden, doch die Liebe zu Hunden und das Interesse an ihrer Lebensweise brachten ihn auf einen anderen Weg. So gründete er 1992 sein „Zentrum für Menschen mit Hund", in dem er nach neuesten wissenschaftlichen Kenntnissen aus der Verhaltensforschung seine Philosophie D.O.G.S. (Dog Orientated Guiding System) aufbaute und bis heute weiterentwickelt. Mittlerweile gibt es in ganz Deutschland und in der Schweiz Hundeschulen, die nach D.O.G.S. arbeiten und in denen vor allem der Mensch im Vordergrund steht und mit seinen Problemen ernst genommen wird. Über 300.000 Mensch-Hund-Gespanne haben bereits von diesem Angebot profitiert.

Doch ganz hat sich Martin Rütter nicht vom Entertainment verabschiedet, und es ist ein großes Erlebnis, ihn live auf seinen Tourneen zu erleben. Zudem setzt er sich in den Medien für eine bessere Mensch-Hund-Beziehung ein. In seiner TV-Sendung „Der Hundeprofi" hilft Deutschlands beliebtester Hundeexperte auch in schwierigen Fällen.

Die Autoren

Andrea Buisman (unten links) lebt mit drei Hunden in Erftstadt bei Köln, mit denen sie aktiv die verschiedensten Beschäftigungsformen für Mensch und Hund ausübt. Hierzu zählen z. B. Agility, Apportiertraining, Jagdliches Training und Zughundesport. Sie ist seit 2003 im Team von Martin Rütter. Als Co-Autorin hat sie die ersten sieben Fälle (von Buffy bis Fanny) von „Der Hundeprofi" betreut.

Jeanette Przygoda (unten rechts) hat während ihres Studiums der Sozialen Verhaltenswissenschaften mit ihrer Tätigkeit im „Zentrum für Menschen mit Hund" begonnen und gehört seit 2003 zum Team von Martin Rütter. Seitdem ist sie für zahlreiche Hundehalter Ansprechpartnerin bei allen Anliegen rund um den Hundealltag. Zusammen mit Martin Rütter hat sie neben der Produktion der weiteren acht Fälle (von Charly bis Sam) von „Der Hundeprofi" auch die Mitwirkenden dieser Staffel bei allen Fragen zum Hundetraining betreut. Sie bildet zudem angehende D.O.G.S.-Coaches in Theorie und Praxis aus.

Dank

Der erste Dank geht an Andrea Buismann und an Jeanette Przygoda. Vielen Dank, dass ihr bei den Dreharbeiten dabei gewesen seid und es mir somit für dieses Buch so leicht gemacht habt.
Ein großer Dank geht an meine Lektorin Hilke Heinemann. Muss ich mir Sorgen machen, dass du diesmal kaum gedrängelt hast?
Danke an Melanie Grande, meiner Fotografin. Wieso kam eigentlich diesmal nicht der Satz „Zuppel mal einer an dem Rütter"?
Ein besonderer Dank geht natürlich an das gesamte Drehteam der Mina TV. Es macht wirklich Spaß mit euch Verrückten. Besonderer Dank hierbei an meinen 1. Kameramann Klaus Grittner. Danke nicht nur für die tollen Aufnahmen, sondern vor allem für die schmunzelnde, stumme Kommunikation vor Ort.
 Aufrichtiger Dank geht an den Sender VOX, der mir mit „Der Hundeprofi" eine tolle Plattform bietet. Danke Kai Strum und Jan Biekehör, dass ihr immer Geduld habt und offen seid, wenn ich mit neuen Ideen komme.
Tiefer Dank an Bianca. Danke, dass du die Rütters auf deine einzigartige Art zusammen hältst. Einen liebevollen Dank an Marvin, Moritz, Milia und Marleen. Danke, dass ihr mich versteht.

D.O.G.S. – Individuell. Partnerschaftlich. Leise.

ZENTRUM FÜR MENSCHEN MIT HUND

Martin Rütter's D.O.G.S. ist eine innovative Trainingsphilosophie zur Ausbildung von Mensch und Hund. Das große Interesse von Ratsuchenden und Fachleuten aus ganz Deutschland sowie den Nachbarländern hat den Tierpsychologen dazu bewogen, seine Lehre an ausgewählte Partner weiterzugeben und so ein kompetentes Netzwerk aus qualifizierten D.O.G.S.-Coaches aufzubauen.

UNSERE STANDORTE!

Eine Übersicht aller Standorte, an denen wir mit einem „Zentrum für Menschen mit Hund" für Sie da sind, erhalten Sie unter: www.ruetters-dogs.de

WIR SUCHEN VERSTÄRKUNG!

Wenn Sie gerne mit Menschen und ihren Hunden nach D.O.G.S. arbeiten und sich mit einem eigenen Zentrum für Menschen mit Hund selbständig machen möchten, freuen wir uns auf Ihre Bewerbung.
Weitere Infos erhalten Sie auf:
www.ruetters-dogs.de/Ruettersdogs/coachwerden

www.ruetters-dogs.de

Nützliche Adressen

D.O.G.S.
Zentrum für Menschen mit Hund
info@ruetters-dogs.de
www.ruetters-dogs.de

VOX
Der Hundeprofi
www.vox.de/531_8671.php

Verband für das Deutsche
Hundewesen (VDH)
Westfalendamm 174
D – 44041 Dortmund
Tel.: 0231 56 50 00
Fax: 0231 59 24 40
Info@vdh.de
www.vdh.de

Österreichischer
Kynologenverband (ÖKV)
Siegfried-Marcus-Str. 7
A – 2362 Biedermannsdorf
Tel.: 043 (0) 22 36 710 667
Fax: 043 (0) 22 36 710 667 30
office@oekv.at
www.oekv.at

Schweizerische Kynologische
Gesellschaft (SKG)
Länggassstr. 8
CH – 3001 Bern
Tel.: 031 306 62 62
Fax: 031 306 62 60
skg@hundeweb.org
www.hundeweb.org

MARTIN RÜTTER
DER HUNDEPROFI VOL. 1

DIE DVD-BOX ZUR TV-SERIE

WENN MENSCH UND VIERBEINER NICHT MEHR WEITER WISSEN, IST „DER HUNDEPROFI" MARTIN RÜTTER ZUR STELLE.

Liebe Hundefreunde, hier ist es nun, das erste große Sammelwerk mit 16 Folgen und den 32 interessantesten Fällen der erfolgreichen VOX-Sendereihe „Der Hundeprofi". Martin Rütter, der Star unter den Hundetrainern, in Aktion – gewohnt charmant, humorvoll und knallhart in der Analyse.

Fünf DVDs mit rund zwölf Stunden bester Unterhaltung und fundierter Fachkenntnis. Ob Allesfresser „Dina", das sportliche Schlitzohr „Poldi" oder die verhätschelt-verwöhnte Kaiserdame „Zita" – Martin Rütter bringt sie alle zur Räson.

HUND-DEUTSCH / DEUTSCH-HUND
MARTIN RÜTTER LIVE
DIE LIVE SHOW

Weit über 350.000 Hundefreunde haben bisher Martin Rütter live erlebt. 2 Stunden Infotainment der Extraklasse rund um das Thema Hund und Mensch erwartet alle Interessierten auf der Tour „Hund-Deutsch, Deutsch-Hund". Mit Witz, Charme und fundiertem Fachwissen nimmt Martin Rütter sein Publikum mit auf eine Reise in den humorvollen Alltag zwischen Mensch und Hund. Mehr Infos und Tickets auf
www.martin-ruetter-live.de

DIE LIVE SHOW AUCH AUF DVD

NOCH MEHR MARTIN RÜTTER

Buch
Wie immer Chefsache
ISBN 978-3-442-83002-2

Hörbuch
Wie immer Chefsache
ISBN 978-3-8371-0414-1

D.O.G.S. Kollektion
Futterbeutel

D.O.G.S. Kollektion
Damen-, Herren- und Kindershirts

Buch
Hund – Deutsch
Deutsch – Hund
ISBN 978-3-468-73232-4

Buch
Hundetraining mit Martin Rütter
ISBN 978-3-440-10827-7

Online-Shop > www.ruetters-dogs.de/Shop

Register

Abbruchsignal 62, 89
Abgabe des Welpen 219
Ablegen 235
Ablenkungsfreie Umgebung 179
Abschied 15
Absicherung 87, 96
Abwechslung 94
Agieren 36
Aggression 22, 78 ff., 107 f.
Alleinbleiben 10 f
Alternativverhalten 137
An der Leine ziehen 48
Angst 10, 114 ff.
Annäherung an fremde Hunde 138
Anonyme Korrektur 51
Apportieren 65 f., 89, 95
Artgenossen 11, 77, 190
Aufdringliches Verhalten 47 ff.
Aufmerksamkeit 55, 175
Ausgeben, Beute 68
Auslösereize löschen 17
Ausreißer 170 ff.
Autofahren 38 f.

Babys und Hunde 104
Ball 95
Beenden einer Handlung 88
Begrüßung 15
Beißattacken 22, 104
Beißhemmung 226 f.
Bellen 22
Belohnen 42 f.
Beschäftigung 65, 85 ff., 122 ff.
Beschützen 22
Beschwichtigungssignale 25
Besitzansprüche 24
Besitzanzeigendes Verhalten 27
Beute 66
Beutemotivation 98
Beutetier 98
Bezugsperson 196
Bindung 204
Bleib 196
Blickkontakt 161
Box 16

Decke 51
Down 235
Dummy 180
Dynamik 138, 192

Eindeutige Signale 234
Eindrücke sammeln 216
Energiebündel 118
Erarbeiten von Futter 110, 150
Ersatzbeute 180
Erziehung 219

Fährtentraining 100 f.
Fehlende Lernerfahrung 175
Flucht 26
Freilauf 120
Frust 107
Frustrationstoleranz 35 f., 194 ff., 204
Führung 165 f.
Futterbetteln 233
Futterbeutel 140
Futterspiele 40, 110, 177
Futterzeiten 42

Gähnen 18
Geduld 204
Geistige Auslastung 122
Gelassenheit 194
Geschirr 52
Gewöhnen an den Maulkorb 81
Gewöhnen an eine Box 224 f.
Gewöhnen an Halsband und Leine 228
Grenzen aufzeigen 61 ff., 108, 162

Hausbesuche 160
Herankommen/ Hier 236
Heranrufen zu zweit 65
Herdenschutzhunde 148
Herzbeschwerden 164
Hetzen 99, 180
Hinsetzen 232
Hör- und Sichtzeichen 231

Register | 249

Hund abgeben 208 f.
Hunde aus dem Süden 142 f.
Hund im Büro 40 f.
Hund und Pferd 188 ff.
Hundebegegnungen 106, 206
Hundebox 224
Hundekauf 212 ff.

Ignorieren 36 f.
Individualdistanz 27
Instinkt 180

Jagdhund 84, 94
Jagdspiele 175 ff.

Jagen 134 f., S. 180 f.
Junger Hund 60, 123

Kastration 165
Kauartikel 41
Kind und Hund 94
Knurren 23
Körbchen 16
Körpersprache 11, 24 f., 79, 116
Konkurrenzsituation 64, 161
Konsequenz 167
Kontakt zur Außenwelt 219
Konzentration 150
Kopfarbeit 122

Korrektur 61, 226
Kryptorchismus 76

Leckerchen nehmen 227
Leckerchensuche 150
Leinen- und Maulkorbaggression 191
Leinenaggression 132, 201
Leinenführigkeit 54 f., 153, 231
Leinenführigkeit am Rollstuhl 71 f.
Leinenführigkeit mit zwei Hunden 73

Leinenverbindungs-
  stück 173
Lernerfahrung 107,
  136

Mäuselsprung 180
Markante Stellen 178
Markieren S. 23 f.,
  159
Maulkorb S. 80 f., 190
Mehrhundehaltung
  46 ff.
Motivation 68, 108
Mutter und Geschwis-
  ter 218
Nachgeben der Leine
  135
Nasenarbeit 99
Nassfutter 41
Nordische Hunde 149

Pfeife 140 f.
Platz zuweisen 86,
  223
Prägung 10, S. 216
Privilegienreduktion
  162 f.
Problemhund 200 ff.

Problemverhalten
  166

Reiz-Reaktions-
  Schema 98
Reizschwelle 107
Regeln 26 ff., 124 ff.
Reitbegleithund 187
Reizangeltraining
  98 ff., 124 ff.
Ressourcenvergabe
  161
Ressourcenverteidi-
  gung 22, 27
Richtungs- und
  Tempowechsel 55
Ritualisierte Verhal-
  tensweisen 107 f.

Schlafplatz 28, 50, 223
Schleppleine 66, 96
Schlüsselreize ab-
  bauen 53
Schnappen 22
Schnauzenzärtlich-
  keiten 62
Schnauzgriff 62, 226
Schutzinstinkt 114

Selbstständige Ras-
  sen 149
Seriöse Züchter 213
Sexualhormone 165
Sicherheit 67, 79, 188
Sicherheit im Auto 38
Sicherheitszone 17
Signale auflösen 234
Signale festigen 62
Sitz 232
Sozialkontakt 77
Spaziergänge 52, 139
Spielen 146 ff.
Spielverhalten 150
Straßenhund 132
Stress 12, 133
Strukturen 125, 188
Stubenreinheit 221 ff.

Tabu 62, 92
Tauschgeschäft 69
Territorium 158
Tierschutz 132
Training und Alltag
  206
Trainingsvariationen
  178
Transportbox 16

Trauma 14
Trennungsangst 12 f.
Trockenfutter 41

Umlenken von Verhalten 137
Unbewusstes Verstärken 55
Unsicherheit 107 f., 114 ff.

Variable Verstärkung 49, 237
VDH 213
Verhalten belohnen 43
Verhaltensauffälligkeiten 161
Verlassen der Wohnung 16
Verspielte Hunde 149
Vertrauen 54, 140
Vorstehen 180

Wechsellauf 203
Welpe 10, 58, 212 ff.
Welpe zieht ein 220
Welpenschutz 61
Welpentraining 228, ff.
Windhunde 180

Zahnprobleme 41
Zahnstein 41
Zerstörungswut 120, 200 f.
Zuchtauslese 180
Züchterfamilie 216 ff.
Zweihundehaltung 58 ff., 64, 76 ff, 118

KOSMOS.
Wissen aus erster Hand.

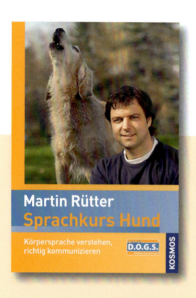

Was sagt mir mein Hund?

Dieses Buch ist der erfolgreiche Schlüssel zur Kommunikation zwischen Mensch und Hund. Hier wird nicht nur der Vierbeiner beleuchtet, sondern auch die Körpersprache des Zweibeiners ins Visier genommen. Martin Rütter gelingt es in seiner gewohnt frischen und lockeren Art, das Bewusstsein für die eigene Sprache zu wecken, den Blick für die Signale der Hunde zu schärfen und somit die Kommunikation zwischen Mensch und Hund zu verfeinern.

Martin Rütter | Sprachkurs Hund
160 S., ca. 200 Abb., €/D 19,95
ISBN 978-3-440-11225-0

Partnerschaftlich und leise

Methoden gibt es im Hundetraining viele, doch passen sie auch zum eigenen Hund? Diese Frage stellte sich Martin Rütter und entwickelte 1992 D.O.G.S. (Dog Orientated Guiding System), das unter Berücksichtigung des natürlichen Hundeverhaltens individuell auf jeden Hund und seinen Menschen abgestimmt wird. Über 300.000 Mensch-Hund-Teams hat Martin Rütter inzwischen erfolgreich betreut und sein Trainingskonzept an die unterschiedlichen Persönlichkeiten angepasst.

Martin Rütter | Hundetraining mit Martin Rütter
160 S., 221 Abb., €/D 19,95
ISBN 978-3-440-10827-7

www.kosmos.de/hunde

Martin Rütter.
Rat vom Experten.

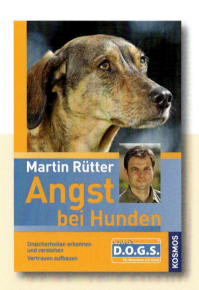

Mehr Lebensqualität

Angst und Unsicherheit ist ein weit verbreitetes Problem im Alltag mit Hunden, unter dem nicht nur die Hunde leiden. Martin Rütter und Jeanette Przygoda erklären, welche Ursachen dahintestehen, wie man die ersten Anzeichen erkennt und welche Möglichkeiten es gibt, seinem Hund wieder mehr Selbstvertrauen und damit auch wieder mehr Lebensqualität zu geben.

Martin Rütter | Angst bei Hunden
160 S., 200 Abb., €/D 19,95
ISBN 978-3-440-10828-4

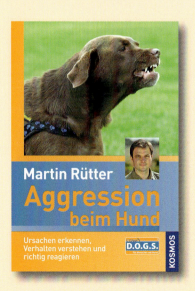

Mehr Sicherheit

Knurrend, mit gesträubtem Fell, hängt er in der Leine, die Nachbarn wechseln die Straßenseite, Begegnungen mit anderen Hunden sind nicht mehr möglich. Das ist kein Einzelfall – viele Hundehalter stehen plötzlich isoliert und ausgegrenzt mit ihrem Hund da. Hier ist Einfühlungsvermögen und professioneller Rat wichtig, wie ihn Hundeprofi Martin Rütter in seinem neuen Buch gibt. Hundehalter erfahren, wie Aggression entsteht, wie man sie steuern kann und wann Hilfe von außen unbedingt notwendig ist.

Martin Rütter | Aggression beim Hund
160 S., 200 Abb., €/D 19,95
ISBN 978-3-440-12421-5

KOSMOS.
Sehen wie es funktioniert.

Individuell und einfach

Gutes Hundetraining bedeutet vorrangig „mit dem Menschen zu sprechen". Das ist die Philosophie von Martin Rütter. Denn Hunde lernen schnell, wenn ihre Menschen die Grundlagen einer erfolgreichen Erziehung verstanden haben.

Martin Rütter
Hundetraining mit Martin Rütter – DVD
Laufzeit 60 Min., €/D 19,95 (UVP)
ISBN 978-3-440-10891-8

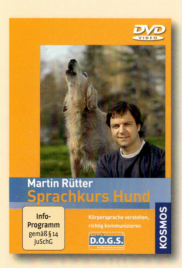

Erfolgreich kommunizieren

Die DVD zum gleichnamigen Buch für alle, die Hunde- und Menschensprache live erleben möchten. Diese DVD und das Buch sind der erfolgreiche Schlüssel zur Kommunikation zwischen Mensch und Hund. Hier wird nicht nur der Vierbeiner beleuchtet, sondern auch die Körpersprache des Zweibeiners ins Visier genommen.

Martin Rütter | Sprachkurs Hund
Laufzeit 100 Min., €/D 19,95 (UVP)
ISBN 978-3-440-11566-4

www.kosmos.de/hunde

Martin Rütter.
Freude im Alltag mit Hund.

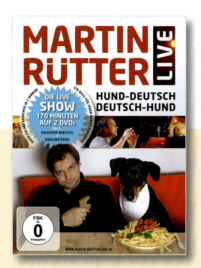

Live Show

Viele Fragen beantwortet der Hundeprofi in seiner 2stündigen Live-Show auf einer spannenden Reise in die Psyche von Mensch & Hund, die er gemeinsam mit seinem Publikum antritt. Dabei erzählt er mit einem Augenzwinkern und auf unvergleichbare Art und Weise, wer hier wen eigentlich besser kennt und somit austrickst.
Martin Rütter
Live Hund-Deutsch / Deutsch-Hund
Laufzeit 170 Min., 2 DVDs
€/D 22,99 (UVP)
ISBN 978-3-440-12808-4

Die Tour nachhören

Diese CD enthält über eine Stunde kompetentes Infotainment der Extraklasse rund um das Thema Mensch und Hund.

Martin Rütter | **Hör mal, Mensch! Dein Hund.**
Hörbuch, 60 Min., €/D 9,99 (UVP)
ISBN 978-3-440-12179-5

Jetzt gibt es das Hundetraining mit Martin Rütter auch für Ihr iPhone. Wiederholen Sie die wichtigsten Lektionen unterwegs Schritt für Schritt oder entdecken Sie tolle Spielideen.
Weitere Infos unter **www.kosmos.de/mobil**

Bildnachweis

340 Farbfotos wurden von Melanie Grande/Kosmos für dieses Buch aufgenommen.

Impressum

Umschlaggestaltung von eStudio Calamar unter Verwendung von zwei Farbfotos von Melanie Grande.

Mit 340 Farbfotos.

Alle Angaben in diesem Buch erfolgen nach bestem Wissen und Gewissen. Sorgfalt bei der Umsetzung ist indes dennoch geboten. Der Verlag und die Autoren übernehmen keinerlei Haftung für Personen-, Sach- oder Vermögensschäden, die aus der Anwendung der vorgestellten Materialien und Methoden entstehen könnten.

Unser gesamtes lieferbares Programm und viele weitere Informationen zu unseren Büchern, Spielen, Experimentierkästen, DVDs, Autoren und Aktivitäten finden Sie unter **www.kosmos.de**

© 2011, Franckh-Kosmos Verlags-GmbH & Co. KG, Stuttgart.
© 2011, „VOX" und „Der Hundeprofi" mit freundlicher Genehmigung der VOX Television GmbH
Aktualisierte Neuauflage der Titel:
© 2009, Franckh-Kosmos Verlags-GmbH & Co. KG, Stuttgart. Der Hundeprofi.
© 2010, Franckh-Kosmos Verlags-GmbH & Co. KG, Stuttgart. Der Hundeprofi 2.
Alle Rechte vorbehalten
ISBN 978-3-440-13052-0
Redaktion: Hilke Heinemann
Gestaltungskonzept: eStudio Calamar
Gestaltung und Satz: Atelier Krohmer, Dettingen/Erms
Produktion: Eva Schmidt
Printed in Germany / Imprimé en Allemagne